ケチじょうずは 捨てじょうず

小笠原洋子

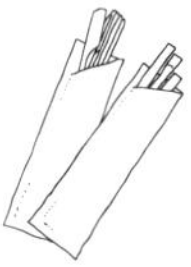

持たずに暮らし方を工夫する

ビジネス社

はじめに

私は七〇歳代の年金生活者です。

『ケチじょうず　美的倹約暮らし』および『おひとりさまのケチじょうず』（ともにビジネス社）でも自己紹介しました通り、若いころから……いいえ、幼いころから筋金入りのケチでありました。ですから、これまで半世紀以上の私の人生は、節約というレールの上のみを走ってきました。

お愛嬌程度に脱線もしましたよ。でも、ちゃんと修正できるのは、多分このレール上を走るのが一番心地良かったからでしょう。

そう、私は節約が好きでした。

それはときに、一種の修業のようなものであって、茶道に華道、剣道、柔道といった、日本人らしい「道」の追求につながる、ケチ道だったのかもしれません。私は、この節約列車を「ケチカロジー」号と名付け、この列車の上客である自分の習性を、「ケチカロジアン」と称しています。

ケチカロジアンは、たいした荷物を持っては汽車に乗れません。ほとんどの所有物を捨てることが、上客としてグリーン車用のチケットを手に入れる条件なのです。

さてここで、カラオケでも一曲いかがでしょう。

〽テレビもねえ　ラジオもねえ　自動車《くるま》もそれほど走ってねえ　……
俺らこんな村いやだ　俺らこんな村いやだ　東京へ出るだ　東京へ出だなら、銭こぁ貯めで東京でベコ飼うだ～♪

吉幾三さんの「俺ら東京さ行ぐだ」はラップ調の名曲ですが、私ならこんな替え歌が、特等席で歌えそうです。

〽ピアノはいらん　バーもいらん　朝起ぎで牛連れで二時間ちょっとの散歩すりゃええ　電話もいらん　ガスもいらん　バスは一日一度来りゃじゅうぶん　俺らこれでいい　俺らこれがいい　東京を出るだ
東京を出だなら銭っこ貯めで　どっかでベコ曳くだ〜♫

「道」といえば仏道。仏道では財産を捨てて寄付や寄進することを、「喜捨」と言います。残念ながら、ケチな私は、寄付や寄進などできる徳など持ち合わせていません。それより、手持ち金すら危ういほどわずかです。それでも、「喜んでものを捨てる」という境地に立てたら万々歳だと思うのです。

今回は、私がどのようにして身の周りのものを減らしてきたか、減らす努力をしているかをお話しします。

もくじ

ケチじょうずは捨てじょうず　持たずに暮らし方を工夫する

第一章　ものを溜めない日々の心がけ

第二章　ケチカロジーな暮らし

第二章

私の家にないもの

第四章　捨てたけれど忘れがたいもの

第五章　台所スリム化計画

第六章 衣類は買わずに楽しむ

第一章

ものを溜めない日々の心がけ

ちょっと待って！今の買い物、プレイバック・プレイバック

買い物って、楽しいですよね。

夕飯の仕度は面倒！　なーんて言いながら、マイバッグをぶらぶらさせ、今日もしぶしぶ買い物に出かける。けれどスーパーの入り口で、じゃんじゃん入れろ！　と言わんばかりに積み上げられたカゴを手にすれば、主婦は豹変。食べ物を探すときの目つきといったら、真剣そのもので、もはや別人。

さあて、これだけ買えば、今夜と明日くらいまでの食料はよし、と。……帰ろうかなぁ、でも……ちょっとだけ百均も覗《のぞ》いていこうかなぁ……。つい足を延ばす。

コロナ禍ですから、早くお帰りあそばせばよろしいのに。ここで便利グッズなどを見つけてしまうと、さあ大変。「これ百円⁉　かわいい！　あ、これ買っておこう！」ということになります。そうして買い物カゴが膨らみ、ものが家の中に増殖していくのです。やがて数か月後、早ければ二〜三日後、「しまったぁ！　買うんじゃなかったぁ」と、両手を腰に当てて首を振ることになるでしょう。

せっかく買ったものをなぜ、無残な目に合わせるの？

しかし買ったからには、そう簡単に捨てられない。その結果どんどん累積赤字。家の中にはオデキのような邪魔モノが増えていくのです。やっぱり捨てなくちゃ……。だから巷では、「ごみ屋敷」なる家が繰り返し紹介されて面白がられ、ものを捨てるテクニックが止めどなく提案されて、それがテレビや雑誌によって娯楽化されています。私たちの多くが、「ダンシャリ」なるものをおそらく何度も試すのは、この命名がなかなか優れているからでしょう。「ダンシャリ」という言葉を、自分も使ってみたくなる。それでやってみたくなるのかも？

しかし、考えると、おかしい。

せっかく手に入れたものを、私たちはなぜ平気で無残な目に合わせるのか。どうしてこんなことになったのでしょう。何とかしなけりゃいけないのでは？

ただし、もしもあなたが、身の周りにどんどん雑貨が増えて、そこにこそ温もりを感じるというのであれば、それはそれで立派な生活観ですから、私が口出しすることはありません。また、大邸宅にお住まいという物理的環境が整っておいでなら、捨てる必要もないのです。

例えば絵本作家、というより、そのライフスタイルをもって有名になったターシャ・テューダーのように、アメリカの田舎に住み、自給自足生活をするための広大な農園や花の咲き乱れる庭園で四季を楽しみながら、九〇過ぎまで生きた方もいます。彼女の住まいは家族らの手で建てられた田園風の大きな家屋であり、コーギーたちが走り回る屋敷内には、ターシャ手作りの人形たちや、その人形たちの舞台装置をはじめ、いつも彼女が身につけていた西部開拓時代のドレスコレクション、カントリー風の家具の数々、天井から床まで埋め尽くすピカピカのキッチン道具などが飾られ、魅惑的な多くの日用品を、まるで博物館のように作品として見ることができます。

でも、そんな暮らしができるのは、日本ならごく少数でしょう。ですから毎日のように次々とものを買って溜め込むのは、やっぱり待って！ お部屋を飾りたてるのも待って！ 代わりにこの本を読んでみてください。読んでも、あなたの周辺が広がり、すがすがしくなれるかどうかはわかりません。それでも、心身を軽くするための一案にしていただければと思いながら書いています。

脂肪とごみは溜め込むと、なかなか減らない

つい買いすぎて溜め込む、または捨てるということを私たちが何度も繰り返すのはなぜでしょうか。それは、ものはただ捨てただけでは、またすぐ増えるものだからです。本来、〝買ったら捨てない〟というのが、ものの正しい扱い方です。少なくとも、そのものの寿命が来るまで使い切るというのが、ものに対する敬意であるばかりでなく、他（者）に対する行き届いた配慮であり、丁寧に生きることの実証と言えるでしょう。しかし、私たちは捨てます。許容量を超えるから捨てるしかないのです。

それでも、捨てるのもそう簡単ではない。衣類や雑誌などは、その好例でしょう。

これはまだ着るかもしれない、これはあとできっと参考になる、ととっておく。それがどんどん積み重なる。衣類の処分法は本書の六章をお読みいただくとして、雑誌はたった今参考にするものでないかぎり、捨てたほうがいいと思います。私の場合ならそのページだけカットして、雑誌用と記したファイルに保存します。そのファイルも時々点検して、不要になったカットページを捨てていく。そうしたちょとずつの手間が、ものの丁寧な扱いに結びついていくのです。

さて、捨てるに困難なものといえば、ほら、脂肪です。いったん溜め込んでしまうと、早く捨てなくちゃと思っても、これほど捨てるに困難なものもないでしょう。

そんなに買ってきてぇ、食べなきゃいいのにぃ、つい買ってしまったのでぇ、つい開封してしまう、うう……。そうなればもう、やめられない止まらない。次々と袋に指を突っ込んで、結果、糖脂質を体内に溜め込み、心身に重圧をかけてしまう。

それでダイエット開始。我慢で苦しんだ数か月後、あれ？　ちょっと体重減ったみたい！　と思うが負け。我慢の緒も切れかかっているので、元の木阿弥。襲ってくるのがリバウンドです。

最初から溜めないようにする

わかりきったことですが、最初から食べるのを控えることが肝心なのです。とはいえ、現に手元にある大好物のお菓子、食べ控えることできますか？　おそらくノー。ちなみに食べ物は、脳で食べると言います。つまりあなたの胃袋が食べたいのではなく、食べることによる快感をより長く甘受しようとする脳の業なのです。ですから、その脳でしか制御もできない。脳がストップをかけられないのなら、そのお菓子を食べるも食べないも、まずその前に買ってはダメなのです。

ところで心の傷みというのも、捨ててもまた新たにつくものの一つですね。しかし、心の傷みは、乗り越えるというワザも人間は持っているはずです。体の傷だって、転ばぬ先の杖によって、作らずにすむことだってあるのですから、胃袋の中の糖脂質の塊と、家の中のオデキくらいは、たくさん作らないように心がけるという手はいかがでしょうか。

カゴに入れた商品を棚に戻す勇気ありますか？

さて、みなさんは買い物に行くとき、メモを持っていきますよね。しかしスーパーに着いたとたん、メモの文字がちょっとかすむ……のをご存じですか？　あの高々と両脇に並ぶ陳列棚の間、上下へ左右へとすばやく目を移しながら、棚から聞こえてくる「何だってあるんだぞうー！」の大合唱を避けようと、なるべく早く通り抜けようと急いでも、必ずハタと足止めされ、「そうだ！」とメモにないものを見つけてしまう。「マヨネーズがもう残り少なくなっていたんだ……。どうしよう」。すると陳列棚からは、「ケチャプだって、なかったろー？　買っちゃえ買っちゃえ！」のエール。

問題は、このとき個人商店なら、「これください！」と声をかけるその数秒が、スーパーでは欲しいものを棚から手づかみしてカゴに入れるという、一瞬の行為にすり変わってしまうこと。その瞬間、スーパーは、ものすごく簡単に欲望を叶えてくれるレジャーランドと化してしまうのです。ここでうっかり楽しんでいると、とんでもない量をカゴに入れ、ルンルンとレジに行き、そこで初めてしまった！ということになりかねません。

レジに並ぶとき カゴの中身を計算してみる

レジに並ぶとき、カゴの中身を覗き込んでいる人、少ないですよ。もうこれは私のものという顔で、みなさん正面を見ている。でもここで、カゴの中身をざっと計算しましょう。毎日買い物する主婦ならば、量感だけでいくらくらいかわかるはず。そしてきっと買いすぎたことにも気がつくはず。

それでもいまさら列を抜けて棚に戻るのは、せっかくここまで並んだのだから嫌ですよね。それに勇気もいります。わかります。カゴの中身を一品でも元に戻すことは至難の業です。だって欲しいんですもの。それにご近所さんが、そばにいるかもかもしれない。見られたら体裁悪いと思う人だっているでしょう。

しかし、この際、欲望と体裁は乗り越えましょう。そういう心意気を一つの喜びとしてしまうのです。だってお金が浮くんですから。コツは簡単。何と何が本当に必要なのか、選別に集中すればいいだけです。これこそ、「捨てる」極意の一つです。

だから、メモに書いたもの以外は買わぬが勝ち。最初から強い意志でご入店くださ い。

繰り返しますが、捨てるワザとは、その前提として「買わない」ことなのです。

室内や胃袋内をあふれさせないためには、買いたい気持ちを捨てることしかないのです。

便利だからと買わずにあるもので工夫する

それにしても多くのご家庭にものがあふれかえっているということは、みなさん、お金持ちだからなんですよ。うッらやましい〜！　私の家、どちらかといえばガラーンとしていますもん。

私は長年、〝もっと質素に、もっとシンプルに〟という生活を目指してきました。そう簡単ではありませんでした。なるべく安い輸入牛肉を買うといった程度の、ありきたりのケチでは足りません。スーパーで節約しても、次に入った百円ショップで便利グッズを一〇個も買えば、元も子もありません。この安価グッズこそ、氾濫トラブルの元なのです。百均は実に楽しいショールームです。だからときには、すぐに手を伸ばさず、展示品として観る訓練をしてみてください。

便利なもので楽をすることが進歩的生活なのだというふうに考えず、店内では謹《つつし》んで商品を拝謁《はいえつ》し、「あ、これいい！」と思ったものをじっくり眺め、そのアイデアを頭に入れて、しっかりアイデアだけいただいて、とにかく店を出る。買わずに店を出たことに大きな意味があるのです。

そして帰宅したら、家にあるものの中から、代用品になるようなものがないか考えをめぐらせてみる。ちょっと手を加えるなど工夫して作ってみる。似て非なるものであってもいいじゃないですか。考案と製作をエンジョイしてみることに、生活する（生を活かすこと）の意義があるのです。

窓ガラス用の防犯フィルムを代用品であれこれ工夫

防犯用のガラス打破防止フィルム、あると安心ですよね。でもホームセンターなどでは意外と高価。百均だと二枚組袋入りがありますがA3サイズと小さいので、全室全窓に貼るとすれば何十枚も必要となり、結局は高くつく。そこで私はクリアファイルを貼ろうと思いついたのです。しかし、やってみたところ、これは透明度が低く、いかにもガラスに異物が貼ってあるという風情で、あきらめるしかありませんでした。

次にクラフトテープほど幅広の透明テープ（これならロングサイズで一巻き一〇〇円。でも家にあったからタダ）を貼って、室内側の鍵の周辺だけでも貼りつけてみようと考えました。初めは全面貼るつもりの意気込みでしたが、とても貼るのが難しい。わずかな手ぶれで歪み皺が出ます。全面貼れば、きっと見るに堪えないガラス窓になってしまうはずです。台風のとき窓ガラスに貼る養生テープのように、透明度に欠けても剥がしやすいテープのほうがきれいに貼れて、まだマシかもしれません（笑）。

次に薄いアクリル板を貼ってみる実験をしました。この透明板は手芸品製作のために設計図を引いていた母が買い溜めたものです。ガラス戸に仮置きしてみたときは、これだ！　と思ったのですが、やっぱり接着で失敗。両面テープがはっきり透けて見え、決して美しくないのです。

ずいぶん時間をかけて実験に挑んだと思いませんか？　そんなわけで、結局はガラス戸を汚しただけでしたが、いろいろ工作するのは楽しいこと。ま、いい経験です。試行錯誤を経て、現在は百均でガラスフィルム二枚入りを一袋だけ購入し、それぞれ半分に切って、二か所のガラス戸の鍵の上下にだけ貼りつけました。お金が貯まったら、貼る場所を広げられることでしょう。

それにしても、透明なガラスになら、フィルムシートは外からでもわかりにくいように貼れますが、曇りガラスだとフィルムを貼った部分が透き通ってしまうのです。へぇ～、そうなんだぁ……。そこで、その上からさらに和紙を貼って曇らせました。泥棒さんは、侵入しようと決めたらどんなこともなさるから、こんな手では甘っちょろいと思いますが、数秒間、叩き割るまでの時間稼ぎにはなるような気がします。

〝長年気になっていたことは、やってみようと思ったときにしか実行できない〟というのが、私の信条です。この場合、結局たどり着いたのは、買い足りないけれど百均の一〇〇円シートでした。それでも大事なのは、〝防犯に気を使っていますよ〟という意志表示ですから、貼り足せるまでの暫定措置としましょう。

百均で買ったガラス打破防止フィルムを半分に切って、
鍵の上下に貼りつけました。
曇りガラスに貼ると、ガラスが透けてしまうので、
切り込みを入れた和紙を上から貼りました。ちょっとした工夫です。

片付けられれば、捨てられる
捨てれば、片付く

些細な工夫によって、ものを極力買わない、溜めない生活を目指すための、次なるステップは、家の中を片付けることです。「捨てれば片付く」という道理は、「片付ければ捨てられる」ということとセットになっているのです。

逆にいえば、捨てられなければ片付かないし、片付けなければ捨てられない。

ものが多すぎて、整理整頓なんてとても無理という方は、今、オデキのように部屋を侵害し、足で避けながらしか歩けないほど床に置かれたものや、押し入れを開けるとどっとあふれ落ちてきそうなものを、まず始末しましょう。

ある程度捨てられるものを捨てたあと、次は、ちょっと買い足さないでおいてください。できれば食べ物以外は買わないという週なり、月なりを、設定してください。

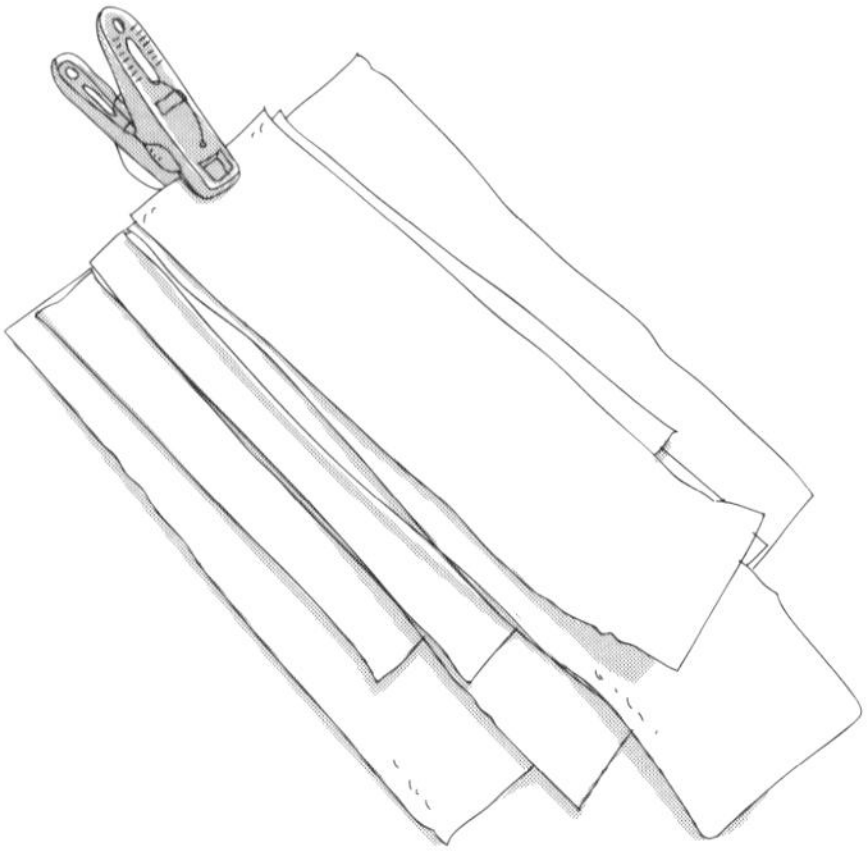

メモ帳も買いません。レシートなどの裏面を、黒い洗濯ばさみでとめて使っています。

食品の入っていた透明容器を収納ケースに。百均で買わなくてもすみます。

お掃除は命のかぎり続くお仕事

まずあなたの部屋を片付けましょう。なぜかという理由は二つあります。

一つは、部屋を広く使うため。家内転倒の例をよく耳にします。杖を突いて歩かなければならなくなった場合、杖では部屋を片付けられないのです。突然、車椅子を使う生活になることだってありえます。魔法の杖やカボチャの車椅子でもないかぎり、そうなってからでは遅いでしょう。

私は、一五年ほど前、母親の小さな部屋に介護用の大きなベッドを入れるという体験から、いかに家具は少なくしておくべきかを知りました。

今すぐ家具を捨てるというのは簡単なことではありませんが、とにかく室内はなるべく広くしておくほうがいいですし、その努力をすべきです。

それは、日々のお片付けに尽きます。初歩は簡単です。ものをまっすぐに、または台に対して直角に置くだけ。諸物を整然と置き直してみるという単純作業から、案外不要物が発見されがちなのです。だまされたと思って、これだけでも毎日続けてみてください。見た目を整えるだけです。

片付けは、毎日、いいえ、本当は朝昼晩、命のかぎりほぼ永久的に、し続けなければならない家事の一つです。「今日こそは、片付けるんだ!」とねじり鉢巻きで、一日がかりですることではないのです。たしかに一日かけて大きな物体を別所へ移動させたりすれば、そのスペースは見違えるほど広くなるかもしれません。でもそこは必ず別物で埋まります。なぜって、それが生きているということの証だからです。

問題は案外深いでしょう? しかしそれでもめげずに、朝昼晩と片付けることもまた、生活する＝生を活かすということの一つなのです。

繰り返しますが、片づけは根本的に、一日の仕事ではない。じゃあ明日もう一日かけて、やる！　たって駄目です。終わりがないのが片付けというものなのです。仮に二日かけて整頓されたとしますね。そうしたら、必ずその翌日もやってみるのです。その翌日も翌日もです。それが生き生きと生活しているという実感になれば、自然と片付けが生きることの熱意に変わるはずです。

ものの出し入れはそれだけで運動になる

　片付ける理由の二つ目は、よく動き回るためです。とくに私のような体操教室にも行かないご老体。一日座っていてはいけません。世界一、座る時間が長いのが日本人だということ、ご存じですか？　ゲーテは立って読書しました。突然ナニ？　って、昔のヨーロッパではそれがふつうだったのです。ですから机の高さは、オーケストラ指揮者の譜面台くらい。合理的だと思います。

　最近日本でも、立って仕事をするＩＴ企業が現れましたね。これまでのお上品な日本人には考えられない。カルチャーショックでしょう。なにせ我が国は、最高級的総合芸術が茶道ときています。茶室文化ですから、二〜三畳の狭きに二〜三人が、ぺったりと座って数時間。でも、長時間の正座は、体にとてもよいとは言いにくいのです。

室町時代までの日本人の正式な座り方は、正座ではなかったそうです。最近の大河ドラマでも、女性は片膝立て座りですね。有名な源頼朝《みなもとのよりとも》座像（ほかの人物説もあり）などの鎌倉時代の木彫を見てもみな胡坐《あぐら》をかいています。茶道によって、日本人の正座はあの両膝を折るスタイルと決まったんだそうです。たしかにとても端正な形ですものね。

ところで、一日中座っているったって、ワタシャ正座なんかしてないよ、なんておっしゃる方、胡坐とか、らくちんな横座りですか？　はたまたふかふかソファや、揺り椅子？　ああ、テレビの前でうつむきスマホだ。そして、もしやあなた様、そうやって座ったまま手を伸ばせば取れる位置に、いろいろな日用品を置いたりしていませんか？

ちょっと向こうの食卓テーブルの上、見てください。まさか新聞を広げっぱなしになどしていませんよね？　メガネや財布や鍵なんかの大切なもの、出しっぱなしにしていませんよね？　「でもすぐ使うから……」。ダメダメ。だから、散らかるのです。片付かないのです。すぐあとで使うものでも、一度使ったら、必ずそれが収まっていたところに収める。それが片づけの基本なんです。

収まっていたところなんてない？　それは基本以前ですから、生き方を変えてください。

さあ、今、卓や棚や椅子の上にまで載っているものを、無理にでも戸棚や、引き出しにいったん仕舞うのです。そして使うときは、いちいち立ち上がってそこまで取りにいくのです。どこに入れたか忘れるというなら、置き場所を決めてください。置き場所を考えてみることも、片付けの第一歩です。

とくに、おじいちゃま、おばあちゃま！　座ってらっしゃる座椅子だか炬燵《こたつ》だかの周りに、よく使うものでバリケード築いたりしていませんか？　それはダメ。いちいち立ち上がって取りにいくことです。

「よっこらしょ」って言ったら老化の証拠、なんて、この際考えない。大きな声で「ハァッ、よっこらしょっトオ！」と、立ち上がる自分を励ますのです。いるものは歩いて取りにいく。使ったら元に戻す。そのついでに、使ったものの周辺をちょっとだけ整頓してみる。そして、何やかやしているうち、すぐまたいりようのものが出てくる。それをまたすぐに取りにいく。その繰り返しでいいのです。

私の場合、できる運動はこれくらいですから、ものの出し入れ、および周辺整理が唯一の運動です。一日中ガタガタさせて出し入れしてますよ。これが私の仕事なのです。

第二章

ケチカロジーな暮らし

地球と財布にやさしい「ケチカロジー」

私はケチですから、ケチ性分が、ものの少ない生活空間作りの基盤になっています。それでも、私も消費生活者の一人でありまして、どんなにケチでも、手放しでケチを続行することも、何も買わずにすませることもできません。ケチにはケチなりの努力が強られ、私の場合は、「ケチカロジー」という人並み以上の節約学で切り抜けてきたつもりです。

例えば一日一〇〇〇円しか使わないのが基本だといえば、どの程度の引き締め度合いか、不信ながらもおわかりになるでしょう。もちろん、一〇〇〇円を上回る例外日もある。ものが壊れ、修理代などで思いがけずの超過もあれば、こんな貧乏生活やってられないわ〜的、破禁もなくはない。病気になれば医療費など、やむをえない場合もあります。

ごみを出さない節約生活が私の仕事

かつて職に就いていたときは、私も付き合い上、予定外の出費が現在よりは多かったものですが、それでも半世紀以上、月々算出した出費を翌月で是正しながら、一日一〇〇〇円のポリシーに忠実であろうとするのはやめませんでした。外出好きの私であっても、月に何日かなら、おこもりもできる。出かけなきゃ財布から出るものもない。その日は出費ゼロですから、一か月の平均は、ぎりぎり一〇〇〇円に抑え込まれています。

そして六五歳で完全に無給与生活者になった私の、これが七〇歳を越えた今でも、自分にできる仕事だとさえ思っています（けっこうお仕事多いでしょう?・）。わずかな超過出費は月謝です。月謝を払って「ケチな」お仕事をする、そういうオリジナル経費があってもいいのではないでしょうか。超過分は心の積立金と考えましょう。

今の私が情熱を注いでいるのは、ケチを楽しむこと。それから単にケチるだけではなく、環境にやさしく、生ごみなどはできるだけ出さないように節約までするとことです。私はこれを「ケチカロジー」と名付けて実践しているのです。

生活のムダを省いて出費を抑え、いらないものは処分しても、食品ロスのような日々のごみは減らして、環境にも気配りする。私が日々いかにケチカロジーのお仕事に取り組んでいるかをご覧ください。

包装紙も
ロゴ入りテープも
捨てずに再活用

買い物から帰ると、私は輪ゴムやスーパーの薄いナイロン袋、パックものをとめているテープを外すのが大好きです。紙の包装紙や、紙袋に入った商品が手に入れば狂喜。それらはみな、我が家計を助ける大事な資産として活用します。

初歩の再利用品である輪ゴムは専用フックにかけておき、乾物など小袋入り食材を開封後、きちんと収納しておくために大いに活用できます。スーパーの荷台に備え付けられているロール状の薄いビニール袋は、汁やにおいなどがついていないかぎり、生ごみ捨て用にとっておきます。取り出しやすいように一袋ずつ畳んで箱に入れていきます。箱はオートミルが入っていたおいしそうな絵柄の縦長で、調理台の上にきちんと収まります。上は片開きの蓋をそのまま活かし、底にも切り込みを入れました。底部から新たな袋を詰め込み、蓋部分から取り出せるようになっています。

私はこの薄い袋に生ごみを入れてから、毎晩指定のゴミ袋にストックしていくのです（三角コーナーは使いません）。我が家は生ごみが少ないので、ごみ収集日に毎回出すことはありません。たいていは週に一度、五リットル袋を一つ出すだけです。

商品の袋をとめた透明のセロハンテープや、支払い時にレジで貼られる店名ロゴ入りテープも、我が家になくてはならない資源です。冷蔵庫の側面にアクリル板をぶら下げ、そこに剥がしたテープを張りつけていきます。生ゴミを捨てるときは一滴も水分が出ないよう、薄いビニール袋をテープで厳重にとめるのです。ゴミをできるだけ小さくまとめるための必需品です。

きれいな包装紙はランチョンマットに

かつて包装紙は、私のゴージャスなランチョンマットでした。食べ物をこぼしても一回は拭きとり、もう一回くらいは使うほど、好ましいテーブルセッティングでした。食べこぼしが目障りになれば、ひっちゃぶって捨てりゃいい。それが最高に痛快な贅沢感なのです。しかし包装紙に包んでくれるほど高価な品物を買わなくなった私には、ほとんど縁のないものになってしまいました。そういえば紙袋も少なくなりましたね。小さな紙袋はマスクを入れて持ち歩いたり、細かい伝票や資料を小分け収納するのに便利です。

食品の透明パックも一度使ってから処分

食品の入った透明パックも愛用品です。モズクやメカブ、漬物やゴマ豆腐の入った入れ物。それぞれの食品に合わせた工夫のある作りになっているので、デザインだけでも楽しめ、しゃれたガラス器にも匹敵します。もちろん、美しい容器代も値段に含まれていますから、ポイ捨てはもったいない。食べたあと、一度は洗ってとっておき、

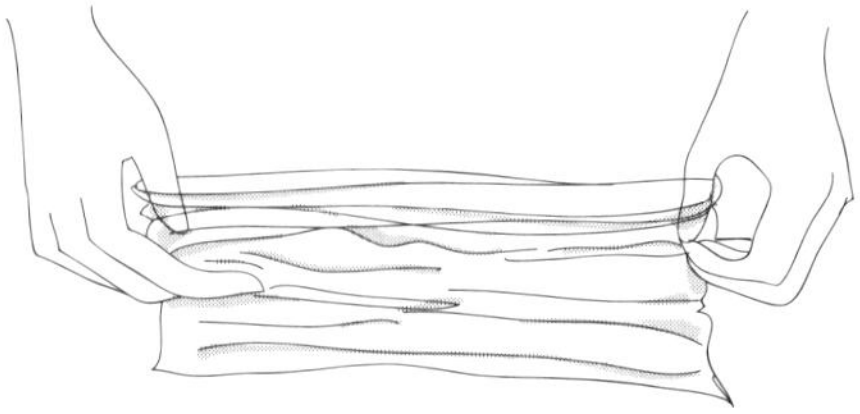

スーパーの薄いビニール袋は
めちゃくちゃに突っ込まず、
一袋ずつすぐ出せるようにして空き箱に収納。

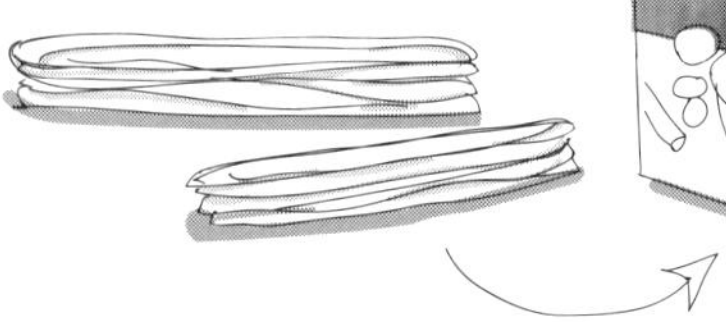

シンク下の取っ手に薄いビニール袋をクリップでとめ、生ごみはこの中に。
一日の終わりに、袋は空気を抜き、極力小さくしてベランダのごみ入れへ。

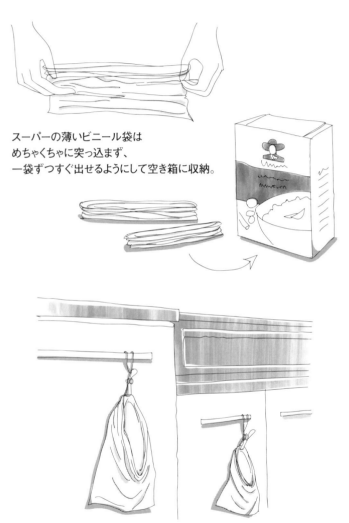

洗った野菜などを調理前にちょっと仮置きするのに使ったり、あるいは食べ残したほんの少しのおかずを、無理して食べてしまわず、冷蔵庫に入れておくのにもぴったり。お皿に載せたおかずの蓋としても使えますし、もう一杯飲みたいときのティーバッグ載せにも。かつては私、コップ型の透明パックを歯磨きに愛用していました。どれも再利用したあと、惜しみなく捨てられるところが魅力なのです。

二度三度は使わない。何事もそれをしてしまえば、簡単に捨てにくくなるからご用心です。

種や皮や骨もできるだけ食べて省ごみ化

野菜や果物の皮と種は、とても興味深い食べ物です。一般的に捨ててしまうものですが、お腹の中に捨てましょう。栄養があります。私が好きなのはゴーヤやピーマンの種ですが、カボチャなども干して炒れば、立派なおやつ。でも、ジャガイモの芽みたいに毒のあるものや、毒のある種（リンゴや梅など）もあるのでご注意を。

ジャガイモといえば、ほとんどの野菜が生食できるのに、それができない野菜の代表格。皮も新ジャガ以外は、どうも食べにくい。あんな地味な顔して、しかもこれぞ野菜（芋か）という存在なのに、なかなか個性的なんですね。さすがアンデスの辺境に生まれ、世界を制覇したヤツ。アンデスから世界制覇といえばトマトも同じ。あいつもセルロイド質の皮が食べにくい。消化されないでやる！　という意志は、辺境どころか誇り高きインカ帝国の、伝統を守る硬さなのかもしれない。ジャガイモにペンが取られましたが、ニンジンやダイコンやレンコンなどの皮も、私はお腹に捨てます。皮と実の間に含有された大量の栄養を、なるべく摂取するようにしましょう。

ニンジン、ダイコンは、葉っぱを捨ててしまう人がいますよね。びっくりしたのがフキを買ったとき。八百屋さんが、客（私のこと）には何も断らず、葉をもぎり落とそうとした。「ああああー！」と私。そこを炒めて食べるのよぉ！　何でも頭からしっぽまでいただきましょう。ただし、モロヘイヤの若芽や種子はよくないそうですから、ご注意ください。

皮と骨も味わい尽くす

私はもちろん、ほとんどの果物の皮も食べます。リンゴにナシにカキはもちろん、キウイや桃や柑橘類も。いつも残念に思うのはバナナ。あればっかりはお手上げ。火を入れればどうにかなりそうですが、どうしたらもっと簡単に食べられるでしょうか。

今の私は、せいぜい、話に聞いた靴磨きに使う程度です。皮の内側で靴を磨くと、汚れが落ちて艶も出る。もちろん、べとべとは拭きとりますよ。アリたちがついてきそうですから。……と思ったら、たった今！　テレビで農家のオジサンが、バナナを皮ごと食べている。南国ならず山形産新種だそうだ。やりましたね。なお東南アジア諸国では、ほかの具材とともに調理して皮も食べているそうです。

魚の皮と骨も興味深い。皮と身の狭間が憎いほど美味いサケやブリ。子供のころ、あまりにサケがおいしくて、食後ご飯茶碗に骨と湯を入れて飲んだくらい。唐揚げにしたカレイや煮焼きしたアユなどの骨も、噛めるかぎりはすぐに捨ててはいけません。生ごみが匂います。骨せんべいという商品があるくらいですから、もし骨を残したら素揚げにでもして食べましょう。カルシウム補給です。

私の好物 蕎麦湯とお茶葉

好物に、蕎麦湯と葉茶があります。もちろんお蕎麦とお茶が好きなのですが、栄養価が流出している蕎麦湯は、絶対はずせない豊かなる貧乏食。

家でお蕎麦を茹でるときは、ゆで汁をたっぷりいただきます。ゆで上げて、ざざっと捨てたりできません。たまにお蕎麦屋さんに行くと、「蕎麦湯を一緒にね」と注文します。蕎麦湯は、だいたいがとても熱い。お蕎麦と一緒に届いたら、蕎麦筒の蓋を取って、少し冷ますのです。そばつゆに混ぜて飲んだりしませんよ。蕎麦湯、素の味を楽しむのです。漆の蕎麦筒も好きなデザイン。しばらく置いて沈殿した蕎麦の滓《おり》が、蕎麦筒の注ぎ口の絶妙な角度で、うまい具合に濃いところから出てきて、とろみを感じる蕎麦湯を飲めるのです。

お茶の葉もムシャムシャ

お茶も、茶葉をいただきます。おやつにして……と言ったら、ぎょっとされるかもしれませんね。

私は急須や茶こしに茶葉を入れて湯を注ぐという一般的な煎茶作法が、苦手なのです。もったいなくて高価な煎茶を捨てられない。できるだけごみを出したくない。それに、飲んだあとで捨てるとき、手につく茶葉は実にしつこくて離れない。それが憎いほど嫌いなのです。

そのすべてを解決するために、葉は直接湯のみに入れることにしました。こういう飲み方が古今東西にあることは、あとで知りました。中国では皇帝様もマグカップに茶葉を沈めて、濃く出た茶を喫す。煎茶茶碗の蓋をずらして上品にすすり飲む、日本のすり茶の原型かもしれません。英国王族も、ティーカップに茶葉を入れて湯を注ぎ、ソーサーに上澄みをあけてお皿から飲んだとか。これは中国から茶葉を輸入したけれど、ポット（急須）を持ち込むことができなかったからという説があります。

葉が底に沈むまで待てない私は、葉も湯もわけ隔てなく飲み、さらに何度か湯を注いでさんざん飲んだあと、なお沈んだまま浮かばない葉を、お箸でいただくのです。

野菜炒めに入れてもいいし、私は時々ご飯に入れて炊きます。紅茶ご飯を紹介するテレビ番組を見て、がぜん自信を持った次第です。抹茶入りの玄米茶を飲んだあとは、炊飯前からご飯の色づき加減や、米や麦との混じり具合いが楽しみとなります。

トイレットペーパー室内使用のススメ

我々の世代は、中学生ころまでチリ紙を畳んで持ち歩いていました。もちろん家にもチリ紙しかない。トイレで使うのはやや粗材質で鼠色、お出かけバッグにハンカチとそろえて入れるのは、白くて柔らかい上質な紙。あれらは水に流せますが、ティッシュペーパーは、ほとんど流すの禁止ですよね。つまり全部ごみ扱いですから、花粉症がいるお家など、それだけでごみ袋満杯。

以前にも、ケチゆえのトイレットペーパー室内使用をご提案しましたが、今回もごみ減らしのために、トイレットペーパーを推薦します。

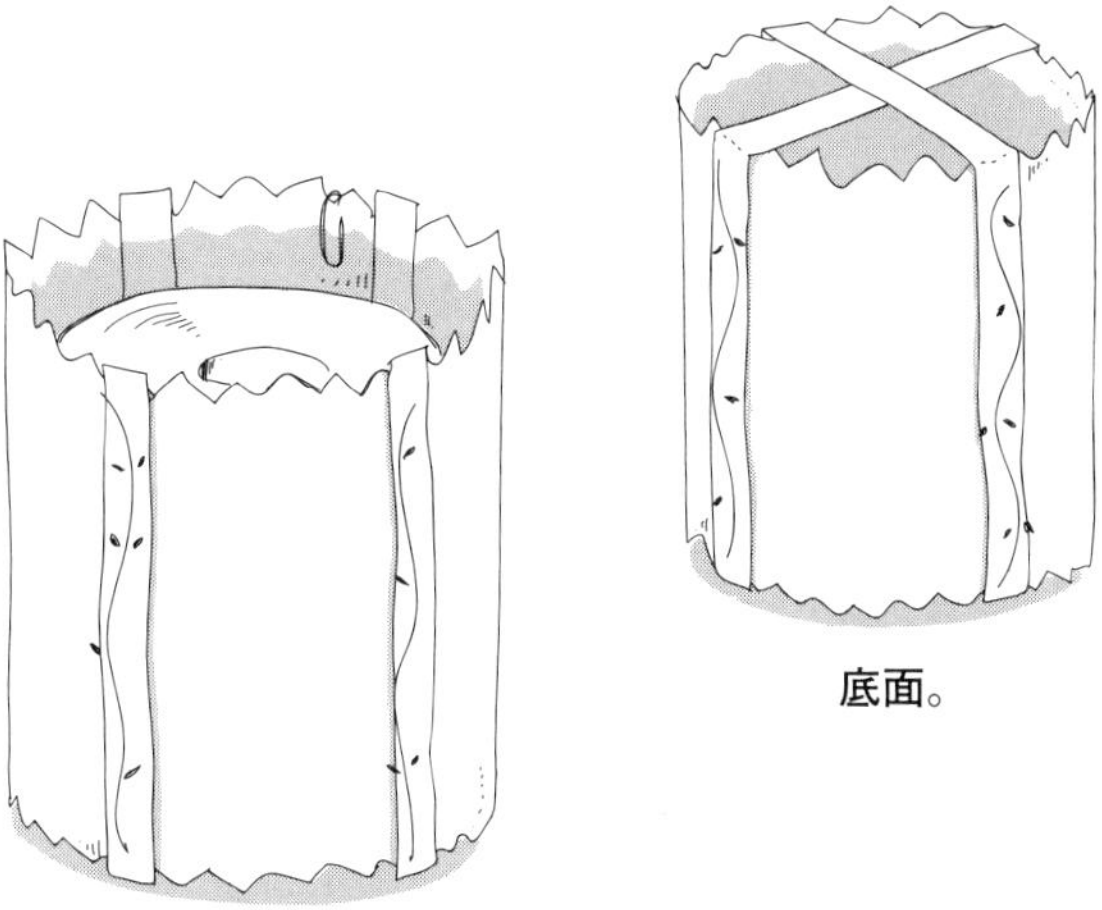

底面。

菓子箱の中の敷紙を丸めて、
紙テープでとめ、トイレットペーパーケースに。

それでも、そのままでは興ざめなので、デスクに置いても代用品らしさを感じさせない工夫を。例えば美しい箱に入れる。キッチンペーパー用のポールに差す。また、例えばミシン目ごとに切って、竹カゴに入れるなどはいかがでしょうか。使用済みは、袋などにいったん集め、水洗で流せば完了です。

財布の中の「使えるお金」と「使えないお金」

もう長い間、旅行も、友人とのお茶会も、グルメな会食もしていません。一日一〇〇〇円生活は一度禁を破ると、あと何日も苦行しなければならなくなるからです。それも悪くはありませんよ。破禁してヴバァーッと遊ぶ。そのあとはウメボシだけをしゃぶってる一週間が、長い人生の中にはあってもいいじゃないですか。

実際は、机の引き出しの奥まで手を差し入れて、左右に動かしてみると、忘却預金に指先が当たります。一日一〇〇〇円さえ使わなかった日、私は忘却冷凍（どこのご家庭にもあると思われる、冷凍庫の奥で見つかる得体のしれない食品）と同じように、

お財布の中の「使えないお金」はクリップでとめておきます。

そこまでは普段手を入れないというほどの引き出しの奥地に、小銭を突っ込んでおくのです。本当に忘れているかどうかは疑問です。「これは使えないお金だ」と自分に言い聞かせることさえできれば、それはどちらであっても問題はない。

私は、日々買い物に持ち歩く財布の中身でさえ、「今日、使うお金」と「使えないお金」に分けてあります。万が一、「今日の一〇〇〇円」をオーバーしてしまったとき、あわてないように多少ながらの予備金を入れておくのです。でも、それを使い込むことはありません。予備金が入っていることすら忘れて、ときにあわてるほどです。

捨てるべきは、「まだ預金があったな」という記憶ナリです。金融機関を二手に分け、時々引き下ろしに行く生活費用の銀行と、「そんな預金あったっけ」と、普段は忘れている口座を併用してきたように、自己催眠をかけて忘却してしまう預金ができるよう、あれこれと試行しているのです。

おひとりさまは家庭内交際費ゼロ

私はおひとりさまです。おひとりさまは「ケチじょうず」なのです。というのも、お二人様以上のご家庭には、何かしら交際費が発生するものだからです。

家族があれば、記念日に贈るプレゼントばかりでなく、それぞれの嗜好品から各々が必要とする常備品まで、衣食住すべてにわたって、とにかく不足することを避けようと多めに購入することで生じる、上乗せ額があるからです。思いやり不経済とでも言いましょうか。

そればかりでなく、家族一人一人の必要経費も、各自によほど引き締め力がないと膨らみがちで、場合によっては家族の人数分ではなく、その数倍に膨らむこともあるからです。つまり家族交際費は、立派な計上交際費であり、ときに最大級の支出額かもしれません。

ケチることも祝うことも自在に

大家族の場合は、家計的に倍加はしないかもしれませんが、例えば二人の場合、多くの場面で一人分の倍とはならず、相手への配慮に関連して三倍くらい支出してしまう可能性もあります。

捨てるべきは何よりも我が煩悩に尽きますが、節約のためには、愛もまた。

その点、おひとりさまは文字通り自分だけ。家庭内交際費ゼロなので、意外と経済的です。財布が乏しくなれば、「あのねえ、今月使いすぎたのよぉ。わかってるでしょう？　あなたがウン万円もする釣り竿なんか買ったからよ！」、なんて怒鳴らなくても一人ひっそり我慢して、蝦蟇《がま》の口などはいたずらに開けたりせずにいればすむ。

もしも何かで偶発的に増えたりすれば、ちょっぴりだけ広く開けてお祝いするなど調整も自由自在。倹約家であり、さらにケチであればなおのこと、おひとりさま勝ちです。

遠出せずに近隣旅はいかが？

私の住まいは、都心へ出るための交通費が、一日支出可能枠の一〇〇〇円を越えてしまいます。そこで、とくにこのコロナ禍下、巷の遊興よりケチ道に邁進し、交通費ゼロを選ぶが勝ちです。お気に入りは我が町探索。歩け歩け運動です。

高齢者が世界一多いエリアと言われる我が町には、ありがたいことにあちらこちらに休憩所が設置されています。人口が少ないそんな街はゴーストタウンと呼ばれたりもしますが、私には整然と整備された散策路が広がる、美しいかぎりの僻地なのです。

一人散歩を楽しめば新しい発見がある

散歩の途中、マイバッグから水道水を入れてきたボトルとお菓子を取り出し、樹下の天然石ベンチや、公園の池の端で水面を見ながらくつろぎます。

休憩後、また元気が出てきたらおなかと背中をぐっと伸ばし、肩甲骨を思い切り寄せたり、広げたりして、偉そうに歩いていきます。人はのけ反るくらい胸を張っても、奇妙には見えないそうですよ。腕はとくに後ろへ強く振り上げましょう。ウォーキング術を習わなくても、この程度なら覚えていられるでしょう。

そして我が町を、旅人になったつもりで歩いてみるのです。密はいけません。一人で歩けば歌も歌えますよ（人とすれ違うときは鼻歌にしてね。大声はいけませんよ）。発声は体にいいんですから。一人なら下手でも平気でしょ？

コロナ禍下、遠出もできなくてストレスを溜めていらっしゃる方、我が町を探る新しい目を見つけましょう。

公園の池の端のベンチが指定席。ペットボトルの水道水でほっと一息。

第二章

私の家にないもの

煩悩の所産 衣装持ちの「衣類整理」リスト

二〇代から四〇代のころまで、私も人並みにたくさんの洋服を持っていました。とくに三〇歳前後は、とても気に入った服だけは、惜しまずに購入していました。

当時、私は画廊に勤めていて、特別に意識するでもなく、ファッションもアートだと考え、オリジナル性のある衣類に惹かれました。それでもさすがにケチだけのことはあって、オートクチュールまでは手を出したりしません。それよりは〝お安いのにお高く見えそうな服〟というのが私の価値基準でした。

あまり見かけない柄やデザイン。例えば南米などから入ってきた手作りのフォークロアな刺しゅうブラウスや、北欧製の伝統的手編みセーター。日本製でも和服地のシャツや、藍染めのコート。そうした衣類を組み合わせ、フロントオープンのワンピースのボタンを胸まで開けて、中にハイネックのセーターなどを着たり、ロングドレスにタイシルクのシャツを合わせたりして、コーディネートを楽しんでいました。

それにしても、ことにベーシックでカジュアルな衣類はうっかり増やしてしまい、少なくはなかったので、日々何を着るか探すのに時間がかかりました。休日などを「持ち服ファッションショー」に費やしたりしたものです。ことさら目立つようなおしゃれをしたかったからではなく、着るものによって、そのときの自分の気持ちが損なわれないようにするためです。そして着ていく場所や、会う相手に、なるべく違和感を与えない装いになっているか、たしかめるためでもありました。

遠地への出張や、急な訪問も多かったので、すぐに服選びをしなければならなくなることがあり、そんなときにあわてないために、私は持ち服をリスト化することにしました。それが「衣類整理」です。

「衣類整理」とは、私の高校の家庭科授業の中で一学期だけ組まれた教科で、今日よりも季節感を重視した半世紀前のこと、年間いかに手際よく衣類を着替えていくかを考える整理学でした。なにせ良妻賢母の育成を指針とする学園でしたので、家庭学も手が込んでいるわけです。

これに反して特級の非良妻賢母に育った私ですが、それでも「衣類整理」だけは脳裏の片隅に残っていたようで、これを活用したのです。学校で教えられたのは家族全体の衣類リスト化でしたが、私はおひとりさまですので簡単。この作業を楽しんで行えたのは、私にとって、唯一の母校賛美だったかもしれません。

ワードローブをジャンル別にリスト化する「衣類整理」

「衣類整理」は自分のワードローブを、コートやジャケット、スカートやパンツ、セーターやカーディガン、シャツやブラウス。スーツ、ワンピース、ベスト、和服、あるいはスカーフや帽子といったふうにジャンル分けしてリストアップしていきます。

パソコンのない時代の作業でしたから、当然手書き。増えたり減ったりと書き直しやすいように鉛筆を用い、ノートではなく、名刺の二倍サイズのカード二〇枚ほどの種分けになりました。たまたま家にその白紙カードがたくさんあったために使ったのですが、特別の外出前日など、どんな服があったかそのカードをバラッと広げると一度に見比べられ、楽に組み合わせができました。新規購入時に書き加えたり、廃棄服を消したりするときも、ジャンル別になったカードは扱いやすかったのです。

その後、私はほとんど洋服を新調しなくなり、次々と捨てていくことになったので、カード利用度も減少し、いつしか不要となりました。

ですからリストカードは捨てたと思っていましたが、捨てじょうずの私にも捨てそびれがあったのか、近年、白紙カードに混ざって変色したカードリストが現れ出たのです。過去の煩悩的所産としてのワードローブリスト。ついまた、なじめなかった母校の教育に思いを馳せてしまいました。

整理学のお授業が長くなりましたね。次はそんなわけで、我が衣装コレクションのために私が買ったタンスは、一般サイズ九〇センチ幅より大きいものだったという話です。

京都で買った
大きな洋服ダンスの
運命やいかに

二〇代前半ころ、当時暮らしていた京都で一二〇センチ幅の洋服ダンスを買いました。東京生まれの私は、住み始めたばかりの町で大きな買い物をする初心者であり、値切らずにものを買うことなかれ、という関西流買い物法に緊張しながらのタンス選びを強いられたものです。東京人っぽく、言い値で買えば「アホなやつ」と思われそうですし、それではどんなふうに値切ればいいのかわからず、ドキドキしました。

結果、値切った値切った。……ちょっと安くなりましたよ。

やがてたいそうなトラックで運ばれてきたタンスを部屋の一隅に据えたときは、そこだけお大臣宅風になりました。艶のあるこげ茶色なので落ち着いた色味、飾り気のないシンプルなデザインですが、高さも天板に箱など載せられないほどあって、ご立派。二段組セパレート式で、上段にさりげない取っ手付きの両開き扉、下段には平坦な引き出し二つでした。さてこのタンスの運命やいかに。

私は、つい近年まで引っ越し魔でした。最近ではあまり珍しい話でもありませんが、「戦後はもう終わりだ」と言われ始め、日本人が生活に落ち着きを取り戻した昭和の半ば以降から平成までのほぼ六〇年間に、二〇回の引っ越しは多めかもしれません。蛇足ですが葛飾北斎はなんと一〇〇回！　江戸の長屋暮らしは、ひょいひょいと引っ越せてうらやましい。

結局、京都生まれのタンスは、以降四〇年間、主《あるじ》の度重なる転居に耐え、傷めつけられながらもめげることなく、私に連れ添ったのです。主と違ってできがよいらしく、さほど大傷は負いませんでした。

ところが小さな木造アパートに引っ越したその日のこと、彼の運命が狂いました。

草庵生活に惹かれ転変の果てに

最初にこのタンスを運び入れた、「ここだけお大臣宅風」住まいから、私は転々と住居を変えて、積極的に落人《おちうど》的隠者、あるいは零落感を選ぶことになりました。

というのは、私は中高生のころから中世隠遁者《いんとんしゃ》の草庵生活なるものに惹かれてきました。物理的な貧乏人になりたいというよりは、瞑想で精神性を育んで高めるような、あるいはその生活圏が家財で囲まれるよりは、何もなくて、遠くから聴こえるかすかな笛の音に包まれているような情感漂う住まいへの憧れなのです。

いや～（と、唐突な嘆息ですが）、今にして思えば、私の良妻賢母型母校は、いかに重い教えや課題を私に授けたことでしょう。絶体絶命の成績で低空飛行をしながら、当時の私は古典作品に熱い思いを捧げていたのです。ことに吉田兼好《よしだけんこう》の『徒然草《つれづれぐさ》』は初恋だったかもしれません。

「花は盛りに、月は隈《くま》なきをのみ見るものかは……（第一三七段）」なぁんて、かつこいい！　満開の桜や、煌々《こうこう》と輝く月だけが愛でるにふさわしいものだろうか？　散り行く花も、雲のかかる月もいいもんだぞという一文ですぞ。

ちなみに兼好は『徒然草』第一八段で、許由《きょゆう》という人は持っているものがなくて、水も手で掬《すく》って飲んでいた。それを見た人が、水飲み用にヒョウタンをくれた。それを許由は木の枝に掛けておいたが、風に吹かれてカラカラなるのが気になって捨ててしまった。そしてまた手で水を飲んだとさ……という話や、第七三段では、座っている人の身の周りに道具がたくさん置かれているのは褒められない。硯《すずり》の中に筆がたくさん置かれっぱなしになっていることや、庭の植え込みに石や草木がごてごてしく混ざったままにしてあることなどは、やたらに多くしゃべりまくる人と同じで、いかにも下品だ。いくら多くてもみっともなくないものといえば、文庫棚にきちんと載せてある本と、ごみ捨て場のごみだという話を記しています。

また古典の授業で習った『方丈記《ほうじょうき》』の作者、鴨長明《かものちょうめい》について調べていくと、教科書にはなかった『発心集《ほっしんしゅう》』という彼の随筆には、自身が設計して住みついた庵の様が詳しく述べられていました。これを近代になって学者が再現した平面図を、私はまるで未来の住処《すみか》の青写真のように書き写して、いつか私もそんな家に暮らすのだと空想で頭をいっぱいにしていました。そんなわけで高校時代は、古文で学ぶべき文法など覚える余裕もなかったのです。

この草庵への憧憬は老年まで続きました。簡素な生活空間に身をゆだねることや、家を捨てるという発想は、この高校時代に始まっているのかもしれません。

引っ越し当日の思わぬ事件

ある年の引っ越し当日、退居する部屋から荷物を出すとき、私の胸の内に暗雲が垂れ込めました。二人組で来た引っ越し業者の新米のほうが、サッシの取り外し方を知らなかったのです。端っこについているボタン一つ動かせば、窓は簡単に外せる。それを教えられていなかったか忘れたために、横綱級の怪力に任せてガラス戸と相撲をとり、ケタグリで横綱がガラス戸関に勝利してしまったのです。

硝子戸関は大粉砕して再起不能。運よく土俵外（ベランダ側）に倒れたものの、砕けた硝子戸関は土俵下で複雑骨折のてい。横綱はちょんまげから粉砕骨片を落とすように、頭に巻いたタオルでガラスを払って無傷。その物音で、室外にいた親方がシキモリイノスケのごとく駆けつけ、思わずこみ上げる激憤と、それを抑えようとして真っ赤な顔。力士をにらんで棒立ちになったまま硬い握り拳《こぶし》。軍配も上げ忘れ。

私はといえば、最初から力士の慣れない仕事ぶりをハラハラしながら見つめていたものの、気がつけば両手で顔を覆い、砂かぶりともいえそうなところにしゃがみこみ。三者三様の沈黙の中、両指の隙間から気配をうかがうと、親方が私の前に立って帽子を脱ぎ、「すみません。……弁償はしますので」。

「あ！　そうですか」と、ゲンキンにもすぐに立ち上がった私は、もう出ていく部屋だからガラスなしでも今夜眠れないわけでもなく、お金さえ払ってもらえるならと、簡単に立ち直ったのです。そして横綱に声をかけました。

「お怪我ありません？」

さてさて
タンスの行く末は？

しかし、転居先で第二の事件は起きました。退居したマンションよりさらに狭い下宿屋的新居に、タンスを搬入することができなかったのです。玄関口は、縦向きに搬入するなら扉上壁にぶつかり、横入れなら玄関内の壁にぶつかって室内へ回し込めない。斜めならもっと無理。玄関扉を外しても、横綱が叩いても、今度ばかりはタンス関の勝利と決まっていたでしょう。大物力士の京都産タンス関は、自分にふさわしくないこの住まいを、稽古嫌いの力士のように拒否し続けました。

それじゃあと、我々は窓から引き上げる手を思いつきましたが、庭を見にいくと、お粗末なこのアパートはあまりに敷地が狭く、隣家間のブロック塀のためにタンスを庭に入れることさえできなかったのです。

私は再びうずくまって、今度は新居の玄関で頭を抱えました。

ため息とともに、ふと、どうしてそんなことを口にしたのか、一瞬のことでわかりません。思考より先に言葉が出ていました。

「廃棄処分って、お願いできますか？」

そのときの私にとっては、代金を払うか払わないかが一大問題でした。変に潔い私は、タンスの有無はどうも二の次らしかったのです。引っ越しのたびに「ああ大きいんですねー」と言われたり、そういう顔つきで眺め回されたりするこのタンスは、ある面では厄介ものでした。

だからといって、この瞬間までは手放すことなぞ思いもつかない、私最大級の家財でもありました。しかし心のどこかで、「この人と別れたい」と思っていたのかもしれません。この大物を所有しているため、私には永遠に草庵住まいを叶えることができない。たとえ無一物であっても、このタンス一棹《ひとさお》があるだけで、疑似お大臣だからです。

「はあ？」と親方は私を見下ろして言いました。捨てるのぉ？　といった疑惑と、なんらかの胸算用とが彼の目の中に揺らぎました。その親方の目に、ガラス割り事件とタンス搬入不可事件の憐れみを垣間見た私は、意識的に自分の視線を強めました。

それくらいお願いできるでしょ！

「いいですけど……。いいんですか？」

何かほかの手でもあるんかい。私の目がそんな色をなした瞬間、親方は観音扉をガバッと開くや、まず片方をタンスの背後のほうへガーンと押しつけ、蝶番《ちょうつがい》をすっ飛ばして、扉を外しました。間髪を入れず、もう片扉もベリベリー！　呆然と見ている新米横綱と私。ナットだかトンカチだかで、側面をガンガンガーン。バサバサバサー。次に（もし牛の解体なら）どの部位を叩いたか、今ではもう順番まで覚えていませんが、目もくらむ速さでタンスはただの板と化したのです。

飛び散る木片を避けるために、玄関前通路の片隅に身を寄せていた私は、「はあぁ～」、思わずため息をつきました。

タンスはタンスの形のまま、荷台に乗せて捨てにいくのかと思い込んでいたのです。言葉もありませんでした。どうやら完結とみて板山のそばまで行き、ようやく「……どうも」と一言だけ。でも、これならお金も取られまい。妙に己を安堵させると、「下の引き出し部分は、置いていってくださいね」と、気の利いたような注文をつけただけでした。

さぁ困った どこに洋服をしまおうか

引っ越しが終わり、業者が引き上げたあと、髪を刈り取られて丸坊主になったような高さ四〇センチ、奥行き九〇センチの引き出しの頭部を、私は撫でていました。大いなる、重みある伴侶を失った引き出し君が、憐れでした。私自身まで奇妙な自責と向き合わざるをえませんでした。よくこんなことができたもんだ。四〇年も連れ添ったものなら、命があったも同然。惨殺にも等しい行為に罪の意識さえ感じ、肩をすくめたものです。

しかし、ゲンキンな私はたった一回の嘆息を吐いただけで、そんなもの持っていたのかいと言えるほど、大いなる家財への愛着を忘れてしまいました。

それより、その御厨子《おずし》ごとき大事にしていたタンスにこれまで入っていた衣装を、どこにどのように収納するかを考えなければなりませんでした。そして、それが新居を整え、作り上げていく楽しみに変わったのです。

大きなタンスを失ったことは、生活の転換点でした。タンスも失くし、これ以上衣類を増やすこともできなくなったことが、歓喜に変わった瞬間でした。

大きな家具を捨て初めて気づいた余計な家財

先にふれた『方丈記』。これを書いた鴨長明が住んだ庵は、京都伏見にありました。現在、そのレプリカが洛北の下賀茂《しもがも》神社に建っています。長明は下賀茂神社の禰宜《ねぎ》の跡継ぎとして生まれたからです。しかし有為転変、彼は京都最大最古級の社を追われ、隠棲者《いんせいしゃ》となりました。

長明は持って生まれた才覚に加え、高い教育を授けられていたので、当時の教養度を表す和歌にも長け、琵琶演奏の名手でもあり、楽器制作や建築にも関心を寄せるという多才な人でした。崇敬《すうけい》する西行《さいぎょう》が暮らした庵を遠路まで実地見学したりして、自ら山野に建てたのは文字通り方丈の草庵でした。それが彼の理想の住処だったのです。その小屋には納戸もないし、長持ちも置かれない。現代に置き換えれば、タンスを持ち込む余地などありません。そんなものは彼にとって無用の長物でした。

多くの所有物を捨て、私もとことん身軽になりたい。

大きな家具を捨てたことで、初めて気づいた余計な家財。それに気づかされたことから得た、意外な新境地とは――。所有物を減らしていくことは、マイナスしていくことでありながら、生活空間だけでなく、心境まで広がっていくというプラスの発見だったのです。それはわずかなものを「活かそう」と工夫する楽しさであり、心身に弾みをもたらすものでした。

残ったタンスの引き出しは恰好良いチェストに変身

転居先の新居で家具を配置しているとき、私は上段を失い、引き出しだけになったタンスの前で、顎に手を当て何度もその置場を考えました。予定外のこの新家具を、どこでどう使えばいいのだろう。上段と生き別れになった引き出しは、私を上目遣いに見るように押し黙っていました。上段で隠されていた天板の、塗料なしのベニヤ板が寒そう。手身近にあったテーブルクロスを掛けてやると、「あれ?」。なんと、恰好良いチェストに変身したのです。

「部屋を広々見せるには、家具は低いほうがいいのよ」。さっきまで涙ぐんでいるように見えた引き出しも、しゃあしゃあとそう言っているようです。

それから十数年、やもめになったはずのこの引き出しは、半身が削がれたことなどなんのその、主と同じくらい衣装ダンスであったことを忘れてしまえたようで、堂々のオリジナル家具となり、気まぐれに掛けてやった真っ白いレースをドレスのように着こなして、私の一室を映えさせてくれています。

京都の家具店で
買い求めた洋服ダンスは
幅が一二〇センチ以上もある
立派なものでした。
上部の観音開きの
タンス部分は新居に入らず、
あえなく廃棄となりました。

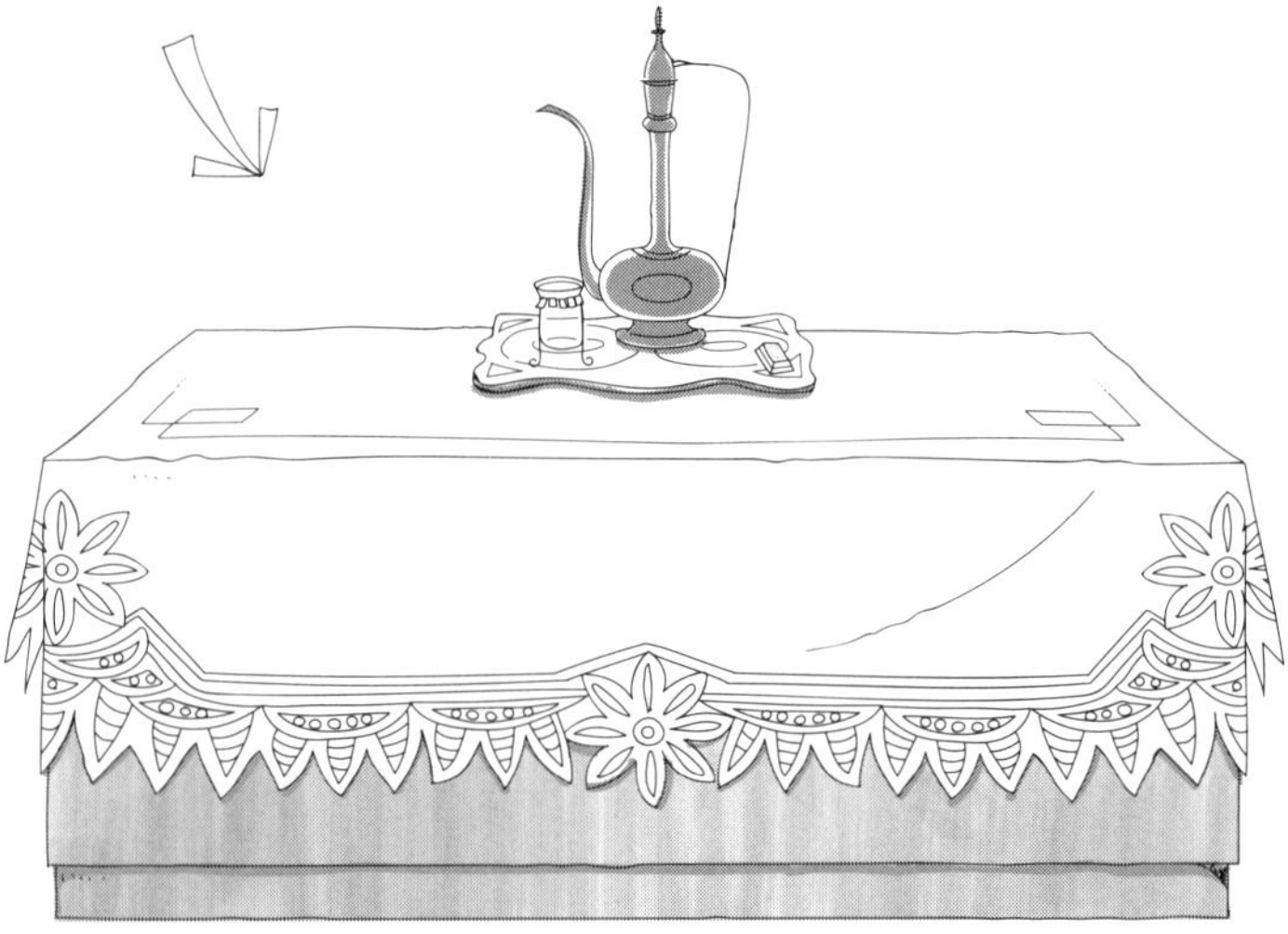

残った下の引き出し部分は白いレースを掛けて、素敵なチェストになりました。

靴箱がなければ靴の数も自然と減る

靴は汚れ物という思いが頭にしみ込んでいるのか、どうも下駄箱、靴箱というものに親しみが持てません。三〇〇〇足だかの靴を持っていたという、かつてのどこぞの大統領夫人なら、履き終えるたびにすぐ新品のように磨いてくれる御付きがいましたでしょうが……。

それで、靴箱は生涯持つまいと決めていました。そうすると、おのずと靴の数も減るのです。入れ場所がありませんからね。買おうとしても、「そうだ、置き場がないんだ。や〜めた」という調子です。

しかし、裸足で生きるわけにはいかない。ぎりぎりの数を持ってはいますが、遠出しなくなったことと、人に会うことが少なくなったおかげで、よそ行きは二〜三足をかぎりに、ここ何年も買い足していません。ただ、住まいの周辺一〇キロくらいはよく歩くので、脚に負担のかからない靴を選ぶようにしています。

それをどこに入れているかといえば、玄関に作り付けの物入れの中です。同じ団地のよそのお宅を見ると、だいたいその物入れと反対側に靴箱を置いています。靴箱の上にはフラワーアレンジメントなど置かれて、訪問者の目を喜ばせます。私がその位置に置いているのは、高さ二〇センチほどに渡した板で、板上のドア側に傘立てを載せていますが、それだけです。

その板の下に、普段履きの靴を二足くらい入れています。立ったときの目の高さからは見えないので、目障りになりません。玄関のたたきにはサンダル一足だけを置いてあります（ごみ出しに行くときや訪問者があってドアを開けるときのために）。広くもないスペースですから、基本的に何もないほうがいいのです。

作り付けの物入れに古いテレビ台を入れて靴を収納

普段履き以外の靴は、作り付けの物入れの中に収納しています。その物入れは床から天井まで占めていますから、収納力が十分あります。空き箱（荷物を送るとき便利な）や、転居してきたときの段ボール箱、梱包材、避難用ヘルメットやリュックサック、折り畳み式キャリーカート、蚊取り線香の缶、ベンジンやセメント材など滅多に使わない溶剤、自転車もないのに何かに役立つかと思っている空気入れなどを、各棚ごとに収めています。

こういうものが収納されている棚に靴を直接入れるのは、はばかられます。そこで以前の住まいでは本棚にしていた扉付きのテレビ台をそこに入れ込んで、その中に靴をしまっています。そのテレビ台は、かつては兄の所有物であり、ビデオなどが入っていましたが、それをもらってきたのです。私の蔵書は齢《よわい》追うごとに減ってきていますので、この本棚も不要となり、靴入れとなりました。そう大きなものでなく、靴四

～五箱が入ります。

入らなかったのがビニールの雨靴と、捨てられないでいる大好きなブーツ。外反母趾になってから足の裏を痛めてしまった私は、三センチ以上の高いヒール靴が今では履けません。そのブーツのヒールは五センチくらいあって、数歩歩いただけでアイタタタター！　もう履くのは無理なのに捨てられないほど好きなのは、見ているだけでも恍惚としてくるデザインだからです。恍惚とはオーバーでしょう？　でも事実。夏向きブーツでベージュの布製。下部は黒のエナメルでスタイリッシュに縁どられていて、何もかも気に入った一足だったのです。もったいないからあまり履かなかった。ですから捨てるほど汚れてもいないのです。

このブーツ箱は、物入れの一番下の奥で今日も眠っています。

……捨てる話なのに、捨てられない話になってしまいましたね。でも、私にとってはシンデレラの靴のように大事な一足なので大目に見てください。

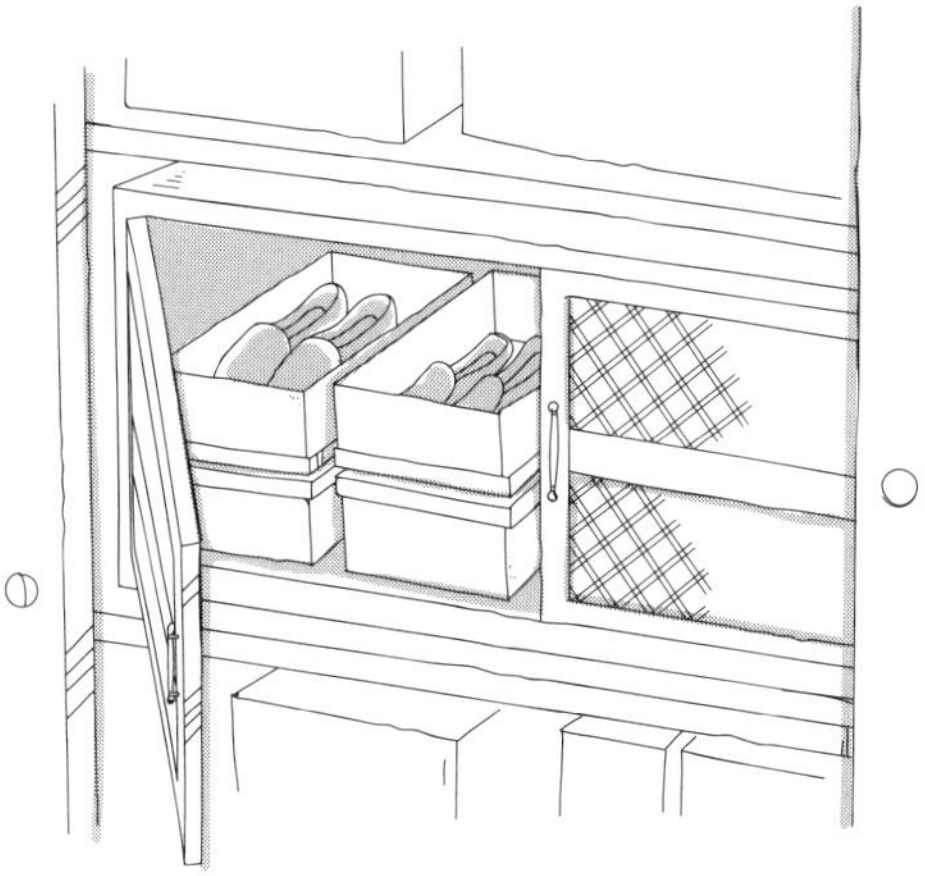

作り付けの収納に昔のテレビ台を収め、
その中に普段履かない靴を収納しています。

玄関にはブロックを二つ置き、その上に板を渡して、
下に普段履きの靴を置いています。板の上には装飾板を置きました。
この装飾板、実はマガジンラックを解体したものです
（80ページのチェストの上は、その片割れ）。

お客様用のスペースを省いて特等席は自分のために

みなさんのお宅には、応接セットか来客用の椅子などがおありでしょう？　私の住まいにはありません。お客様用の場所そのものがないのです。質素な生活、簡素な住まいであるからに違いありませんが、客人に礼儀を尽くすなら、座布団一枚敷けるスペースを確保しておいてもいいはずですよね。でも、お客をお迎えするに適した場所を、どうしても自分用に使いたかったため、もろに自己中心型住居となったのです。

第一、人間関係までケチな私はきわめて節約志向が強いせいで、訪問客もありませんですから、おくつろぎいただくお席もないのです。そして時々思い出しては鼻歌にするのが、自作自演「応接セット恨み節」です。
だーれが殺したクックロビン♪（マザーグースの歌）……ではなくて、だーれが置くもんか応接セットなんかぁ♪

応接セットとは言いましたが、最近は客間と居間を兼用するような室内構成が多いようで、ソファと低めのテーブルだけの組み合わせというのが、そう広くはない一般的日本住居の主流になっているようですね。理にかなっていますよね。もし、このワンセットに、重厚な肘掛け椅子二脚など加えたりすると、相当の空間を陣取ってしまいます。でもかつては、偉いお父さんやお客様用に、ひじ掛け椅子が特別席として用意されていたのでしょう。

重厚な応接セットは豊かさの象徴だった

かつての日本では、そう広くもない一室全域を占める応接四点セットこそ、中流階級のステイタスシンボルだったのです。日本家屋の応接間の約半数は床が畳だったのではないでしょうか。思えば日本人らしい、純和式洋風ステイタス。それでも健気に、背もたれにレースを飾ったり、クッションを置いたりして、いとも大切に飾り上げたものです。

しかし時代が移り、軽装美がもてはやされる生活スタイルになると、どうにもコイツは半端ない存在感が目に余る。埃は溜まるわ、掃除はしにくいわの、まさにお荷物となったのです。私の実家もいい例です。

我が家は七人家族でしたが、祖母や両親が他界したあと、末っ子だった私が一人で、築五〇年の古家屋を始末する羽目になりました。当時は勤めもありましたので、数年かけて休日ごとに準備体操をしたうえで、黙々と家財の処分をとり行ったものです。たかが後片付け、捨てるだけのこと。とはいえ、強烈な体験として二〇年後の今もよく覚えています。でも、実は、楽しくもあったのです。

一人住まいとなった病身の母と同居するために私が実家に戻るまで、この家に住んだのは、母と三番目の兄（この人も病んで実家に戻り、その後入院）の二人。こまごました二人分の個人的遺物である衣類や寝具や雑貨から片付けを開始しましたが、母親の持ち物とはすなわち、全家族が共用したものと、父の遺したものが含まれているわけで、がらくたでもその数量は生半可ではありませんでした。

家具に家電、台所用品や日用品。調度品に装飾品。それから底知れぬ雑物です。外周りにもありました。庭の物置には、めっちゃ大量に詰め込まれた大工道具に、得体のしれぬ機器、什器。庭はといえば、近隣の敷地まで千手観音如く繁茂し放題に枝葉を伸ばしてしまった庭木、無数の枯れた鉢植えなどなど。

それらを、ごみとして出せるだけ出し、有料の粗大ごみ扱いとなるものは、出す前に売れるなら売ろうと、買い取り業者を呼んで見てもらいました。

業者を拝み倒して
タダで持っていってもらう

売るといったって、見せるのも恥ずかしいようなものばかりですから、たかが知れているだろうとは予想していました。そうしてやってきた業者に、まず「これはいりません」と言い切られたのが、応接セットでした。

ああ、これこそお持ちいただきたいものだったのに……。私はどんなにこのセットを憎んだことでしょう。そもそも、この業者に来てもらうまでの約一年、このセットのある部屋の掃除や片付けをするのに、これらビッグフォーにかぎりなく邪魔されたのです。第一、椅子一脚でさえ重くて、例えば片手などではびくともしない。三人掛けのソファは元よりふれる気さえもしませんでしたが、テーブルに至ってはナニコレ！　ちょっと動かそうとするたびにそう口走ってしまうほど、素材の木材のせいかマラカイトみたいな天板のせいか、岩のように重いのです。にっちもさっちもいかない。ただにらみつけるばかりのステイタスシンボルでした。

どうしてもこの応接セットと縁を切りたい。見たくもない。大嫌い。だから、こいつこそ売り飛ばしたい奴だったのです。それなのに……。

私は落とした肩を、一度背筋とともに伸ばしてから、直角に背を倒して頭を下げました。

「無料でいいです。お願いします！　持っていってください」

止めどなく頭を下げ続ける私に、業者氏は、キャップ帽にちょっと手をかけて頭に風を入れ、「ふう〜、はいはい」と斜に構えた苦笑い。「車まで運ぶの、私も手伝いますから！」と歓喜の私。

こうしてビッグフォーが去った日、よくぞあんなものを押し込めていたと思うほど小さなその部屋で、私は大の字に寝ころび、手放しの感涙を味わったものでした。そして誓いました。応接セットなんか一生持つものか。応接間なんて作るものか、客用の椅子一脚だってアタシャ買わないぞ。

どうして日本人は、応接セットをステイタスシンボルにしたのでしょう。

ライフスタイルとともに家具も変わる

応接セットが一般化したのは、だいたいテレビが家庭の主役になるのと同時期です。我が実家の応接セットは、煉瓦色から深緑色の布地に張り替えられたものの、約五〇年間、我が家の同居人として、くつろぎ感だか満足感だかを与えてくれました。

今にして思えば、我が家族を含めて日本人は、これを購入するとき、処分しなければならない日が来るということまでは考えなかったのでしょう。初めから壊れやすい造りが多くなったような気がしなくもない近年の家具に比べると、頑丈さが、家庭の安定性まで保証しているかのようでした。それでも、当時、ビッグフォー（何のこと？　って、応接四点セットですよ、お忘れなく）をお買い上げになった方々が、もうほとんどそれをお捨てになっているはず。恐ろしい「重と量」でしょうね。時代とともに、必要とされる家具も変わるものです。

最近はコロナの影響でテレワークをする人が増え、一時期はすたれた書斎が、また自宅に求められるようになっているとか。間仕切りを備えた机なども売り出されているそうです。これからの「新しい生活様式」で、家具もまた変わっていくのでしょう。

カーペットもマットも廃止
床は汚れたらすぐ拭くのが一番

実家の整理は、良くも悪くも生涯忘れられない体験です。いえ、正直にいえば、悪いという自覚はほとんどなし。若干疲れたものの、思い切り捨ててやったりという快《こころよ》さしかありません。悪いという意識は、「快感なんか感じてしまったァー」という世間体にすぎないのです。なにせ一軒丸ごとの廃棄ですから、爽快丸かじり。圧倒的スケール感。

あえてその中からもっとも快感には遠かった「苦心作」を選ぶとすれば、カーペット廃棄だったかもしれません。ふつうなら、くるくると丸めて粗大ごみに出すのが一般的でしょう? でも、くるくるがパーだったのは、ダイニングルームに敷いたカーペットの上に、かなりビッグな冷蔵庫(家族が多く、大食漢ぞろいだったため)、一時期は七人が席を占めたテーブル、食器棚などが載っていたからです。つまりそれらをどかさなければ、巻き取ることもできませんでした。けれど、どかしてくれる手などなし。

またたとえ巻き取れたとしても、長さが三メートルはあり、直径ざっと一メートル近くにもなるであろう巻物を、粗大ごみ置き場まで持っていくことも、手助けを求め、その代金を払うことも、私にはできない相談でした。

それでも、おそらくは何十年も本格的なクリーニングなどしたことのなかったはずのこの敷物は、私がどうしても捨ててしまいたいイッピンでした。

塵と埃、カビだらけのカーペットと格闘する

考えました。深夜、暗闇でぱっちり目を見開いて考えに考えました。そして翌朝、

私は戦《いくさ》に向かう巴御前《ともえごぜん》よろしく、裁ちばさみを槍のように構えて、敵地まで乗り込んだのです。カーペットの端をちょっとめくってみただけで、気絶しそうになったのが塵、埃、カビ。私は兜代わりの手ぬぐいをほっかぶりし、目の下まで引き上げたマスクの上にメガネもかけて、ゴム手袋で敵に挑みました。掃除機と、大量の雑巾、そして除菌スプレーが助っ人です。

戦法は約三〇センチ四方の「切り刻み作戦」、戦うこと三昼夜。数袋の大型ごみ袋（かつては無料）に詰め込んだ分厚い裁ち布を、刎《は》ねた敵兵群の首のように、私は何度にも分けて刑場……ではない、ごみ置き場に運び、終わったときには勝鬨《かちどき》を挙げたものです。仁義なき戦いでしたが、これもまた達成感を味わいました。

もうカーペットはこりごりです。砂漠の民とならないかぎり、私はカーペット暮らしをしないでしょう。たとえむしろを敷いて暮らす羽目になっても、カーペットは嫌です。今も我が家にはカーペットはありません。カーペットどころか、マットの類も皆無。玄関マットもキッチンマットもありません。床が汚れたら、さっとひと拭きすればいいのです。布など敷かないほうがよほど清潔に保てます。

画一的なレースのカーテンは卒業してもよいのでは？

以前旅した北ヨーロッパでは、寒村でも家の窓々には糊とアイロンで純白に固めたレースが、その家の小さな宝飾のように下げられていました。北国は屋内での生活時間が長いため、インテリアに重きをおくのでしょう。あの方たちのカーテンへのこだわりは、まるで文化財のようなレース編みの伝統を各家が継承しているのかと思うほどでした。窓全体を覆うのではなく、半分くらいの短い丈で、裾がそれぞれ凝っています。道すがら目にするそれらは、ショーケースのレース工芸を見るようでした。

その点、日本のレースカーテンは、外光調節や外部からの目隠しという機能的な役割を果たしている場合が多く、比較的目立たなくて扱いやすいレースが多いようです。とくに私が住む団地などでは、建物に合った地味めな白いレースカーテンが好まれるようで、目立つものを避けるのは防犯への配慮なのか、日本人らしい控えめの美徳なのでしょうか。もう少し個性的なものにすれば、団地という画一的な建造物が少しでも和らぎそうにも思います。

和紙風のブラインドに
手作りのモビールで目隠しを

実は、私はあまりカーテンが好きではありません。カーテンが嫌いになったのは、自分で部屋の掃除をするようになった中学生のころかもしれません。埃が溜まる、それが舞い散る、というのが理由です。掃除機など不用意にかけると、布地が吸いついてしまい、気がむしゃくしゃする。カーテンを洗うために外したとき、どんなに爽やかな気分になったことでしょう。部屋が急に広く感じられたほどです。こんなものないほうがいい。それで取りつけなくなったのです。

私は、カーテンの代わりに和紙（もどき）のブラインドを使っていますが、布よりは掃除しやすく、巻き上げれば開放的で、壁際に布束が固まっているという目障り感もありません。外から丸見えと思う場合は、モビール式の手作り紙アートを飾ります。そういう変わったものを、外から見えるところに下げたりするのを日本人はとかく避けたがりますね。みなと同じに、目立たずに、無難に。でもちょっと面白みがないではありませんか。

部屋の掃除をするようになったころ、カーテンを取り外した窓に、私は外掛け用の武骨なすだれを下げてみたことがあります。アケビか、または山ぶどうだと思います。ともかくよく売られているような薄茶色の繊細な細竹すだれではなく、一本が五ミリほどの太さがある、黒い蔓性の枝でした。山中の炭焼き小屋にでもぶら下がっているような野趣がありましたが、見方によっては、侘びた茶室風情が醸し出されるすだれでした。

それから半世紀以上たった現在、私の住まいは、外観や間取りなどハード面では多くの都市生活者と同様で和洋折衷です。やや洋風に傾いているので、ソフト面では意識的に和テイストを用いています。和紙風のブラインドや、竹製の照明傘、籐のスツールなどは、私の気持ちをほっとさせてくれるのです。とはいえ団地ですから、規格サイズに嵌め込まれ、憧れの庵とはほど遠い。それでもできるだけ家具を少量に抑え、衣類の数を減らし、庵風の生活を目指しています。単に新しいものが買えないという懐事情もありますが……。

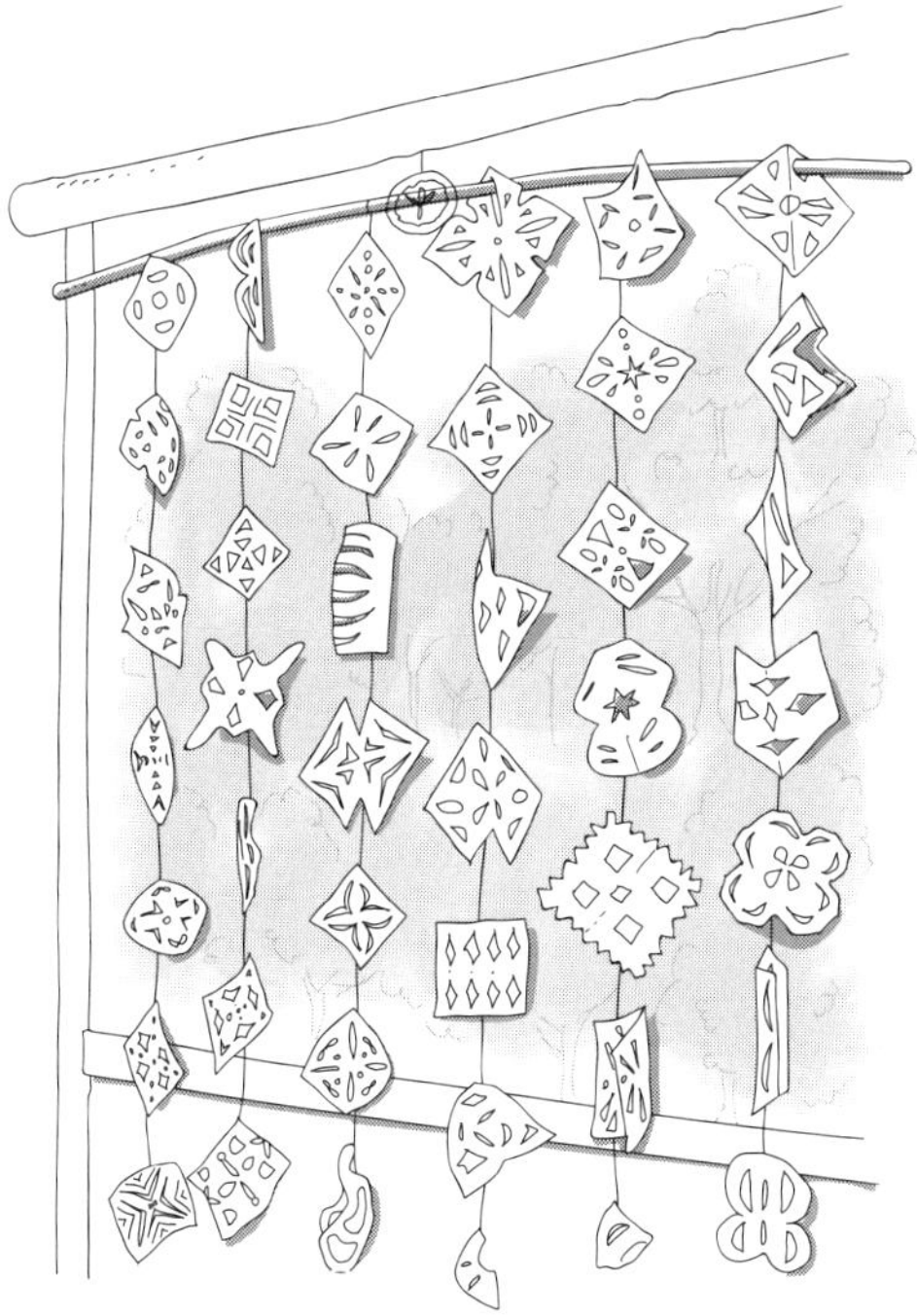

レースのカーテン代わりに、
手作りのモビールを下げて目隠しに。

我が家には客用布団どころか敷布団もありません

実家には、布団用タンスという余計なものまでありました。ぼろ家の壁と壁の間の狭くて湿っぽい陽も当たらない廊下の隅に、客布団だけ入れてありましたが、時々ちょろっと扉を開けてはみるものの、一枚ずつを調べてみるほど勇気が出ませんでした。思い切って開けてみたときも、中身を引きずり下ろしてみるのは容易ではないので、側面に鼻を当て、一応カビの匂いでもしないかたしかめただけで、よほど天気のよい日でもなければ作業はできないと、日延べしていました。

けれどある日、覚悟して中の布団を取り出してみると、湿っぽい感触はあったものの、あまり使った形跡がなく、捨てるにはもったいないと思いました。しかし、私にはお客もなく、ましてや泊り客などありえないので、もらったところで不要。それでもいつか自分が使えばいいと思い、新しそうなのを数枚選んで布団袋に詰め、新居への引っ越し荷物に加えたのです。

使っている布団が思いがけず廃棄処分に

新居では、押し入れを開けるたび、かさばる布団を見上げては「邪魔だなぁ」とつぶやく数年間でしたが、あるとき、現役の敷布団が突発事故に遭い、捨てる羽目に陥りました。その敷布団はマットレスと対になった洋風布団でやや薄目。キルティング加工が施されたものでした。それを布団丸洗いキャンペーン中のクリーニングに出したところ、中綿が特殊素材だったとかで、あちこちで石のように固まってしまったのです。弁償はしてもらえましたが、ケチな私は何とか使えなくもないような気がして、ヨッコラセッと家まで持ち帰りました。薄いので巻き上げることはできるものの、直径五〇～六〇センチはあり、家まで持ち歩くにはかなりの重さでした。

その晩、ようやく持ち帰った布団を広げて、寝ころんでみました。やっぱり石ころが入っているのと変わりなく、がっかり。石の上にも三年とか言いますが、ヤワな私には三分も無理でした。とんだ骨折り損のくたびれもうけキャンペーンでした。

というわけで、いよいよ客布団様のお出ましーです。ところが、「エッ！」。引きずり出す布団、どれもこれも掛布団だったのです。わたしゃ敷布団がいるのじゃあー！

腕組みして力んだところで、掛布団が敷布団に変身はしない。その場にへたへたへた～。三日三晩マットレス一枚にシーツを敷いただけで、（寝ずにとは言いません）寝ながら考えました。どぉすりゃいいのぉさぁ、シーアンバシィ～……。

そうじゃあ！　大は小を兼ねると言うではないか、爺。（は？）　掛布団は敷布団になりうるのだ。

結局、袋状の敷布団カバーの中に、三つ折り（よりはちょっと広め）にした掛布団を詰め込んだのです。ハイ、敷布団いっちょあがりぃ！　掛布団としての役目は捨てられましたが、見事に活かされた「捨てられ役」でした。

固定電話は解約 ＦＡＸ用のロール紙を買わないだけでも気が楽に

私はいたずら電話に過敏で、どうも佐藤愛子さんの『90歳。何がめでたい』（小学館）に書かれているようには、愉しめません。愛子さんは、いたずら電話が今度かかってきたら、送話機の前でラッパを吹いてやろうか、それともやかんをガンガン叩いてやろうかなどと、娘さんと共謀して考えるのです。家族があると、きっと私でもエロ電話にも対抗する手を笑いながら共作できそうです。でも、エロよりシリアスなのが無言電話。家族のあるなしにかかわらず、こいつは神経を逆なでされます。

ケチな私は、わざわざ電話代を払って何度も怪電話するという無駄使いも、他人のお金ながら赦せないのです。お金持ちの犯人にしてみれば余計なお世話。でも私のケチ根性は、他人の無駄使いにもびりびり反応してしまいます。とにかく、この無言の相手に、どうしても電話をかけさせたくない！

最近では国や自治体が詐欺防止に取り組み、対策として、在宅中にも留守番電話設定が勧められています。しかし、今から一五、六年前、当時私が住んでいた薄壁の安アパートは、留守電の設定ボタンを押すと流れるテープの声が近隣に響き、そのたびに「うるさい」と言われるようなありさまで、つい留守電も設定しにくくなる。

それやこれやが重なって、電話を捨てることにしました。解約です。携帯電話で通話は足りる。パソコンがあれば、ファクシミリだってほとんど不要でしょう。

電話会社に連絡すると、「本当によろしいのですか？　もう再契約できませんよ！」と脅かされました。めげずに「結構です！」。実際には、お金を払えばいくらでも再契約できます。ともかく、あの武骨な図体のファクシミリ付き電話機を捨てました。ファックス用のロール紙も私には高価だったので、使い切るたびゾッ。もうあれを買わずにすむということだけでも、捨てる喜びを倍増させてくれたものです。

たくさんあった家族のアルバムもすべて処分

子供のころ、かなり年長の兄弟が多かった私は、カメラに熱を入れていた兄たちの、たびたび被写体となりました。そのうえ母が一人だけ女の子だった私に、面白がって（?・）何かにつけてレンズを向けました。まるで今日スマホで撮影するように。

というわけで、我が家には写真だけは多くありました。当時はカメラが貴重だったように、紙焼きプリントもたいそう丁寧に扱いました。革細工のように重たい表紙付きのアルバムに、四隅に「コーナー」と呼んだプリント留めを貼り、そこに一枚一枚差し込んで貼っていったものでした。「コーナー」が発案されるまでは、べったり糊づけしたものです。

実家を空けるとき、このアルバムにも手こずらされました。二〇冊以上はあった両親と兄と私の全アルバムを、転居先へ持っていくことなどできません。膨大な量でしたが、これればかりは売ることもできない。何日も何日もかけて、紙焼きを剥がしていったのです。

当時は私も、人の顔が写っている写真を捨ててしまうことまでは躊躇《ちゅうちょ》され、いつか歳をとったときにでも、もう一度だけ眺めてから捨てようなどと考え、剥がしたプリントを箱に入れていきました。

べったり糊づけされセピア色に劣化した写真ですから、真ん中が破けそうになったり、枚数が多く、急いだせいで指先がジンジンしびれたりして、思いのほか時間のかかる作業でした。それに、古新聞を片付けるときについ記事を読んでしまうように、写真に目を止めると、写っている人の面影や過去の記憶が視線も手もすっかり止めてしまうのです。

結局、段ボール一箱に入れて引っ越し、その後、年代別などに整理して、今は三つの小箱に収まっています。アルバムは、印刷写真である卒業アルバムを含めそっくり捨てました。それでも、楽しかった高校最後の一年の思い出として、クラスの集合写真および仲良しグループで写っているページだけ、卒業アルバムから切り取って持っています。

失くして高まるものの価値

若いころ、自分は歳をとっても過去の思い出に浸ることはないだろうと思っていました。浸るどころか、私は過去嫌いで、ちょっと前のことでも思い出すのを、「あー、それは考えないの！」と撃退してきました。

ところが齢とともに鈍くなったせいか、過去を振り返っても、若いころより傷つかなくなりました。ふと思い出すシーンを、だいぶ距離感のある客観的な気持ちで眺め直してみたり、それからどうなったんだっけ……と頭の中でフィルムを回してみたりできるようになりました。こんな風に思い出す価値のある体験もあったんだなぁと思うようになりました。

追体験には、それなりのリアル感があります。あえて写真を見なくても、瞳を閉じて心のひだに隠れた記憶を紐解いてみるのも、意外に自己発見につながる豊かな時間つぶしになります。

人はとかく、あのときのあの思い出の品を、失くさないように大事にしておけばよかったと思うことがあります。失くしたものは、戻らないだけに貴重さが倍加するのでしょう。去っていった恋人も同じことです。

過去を、ものや人の形の消失として悔やむのではなく、自分だけに与えられた体験として受け入れ、ものや人の面影でなく、そのときの自分自身を掘り下げてみようとすれば、それが心の広がりや深みをもたらすかもしれません。

我が家には仏壇もありません

南無阿弥陀仏……。これを書くにあたって、まずはお経を唱えましょう。

覚悟してお読みください。オヤジさん、仏壇焼いちゃったぁ！　の巻です。

父が焼いたのは、母の養母（幼いころ、母は養女になりました）が持ってきた仏壇です。


かつて我が家の裏手には田んぼがあって、一回きりでしたが田植えを見たことがあります。小学五年でこの家に引っ越してきたとき、我が家の裏庭には塀も段差もなく、田んぼまでなだらかに降りていく地続きでした。

やがて田んぼが野っぱらに代わり、それをいいことに、あつかましくも父親はなかなか塀を作らず、休日になると自分の敷地でもあるかのように、野原から勝手に土を運んできては庭地に土盛りをしたりして、まるで盗人猛々《たけだけ》しく振る舞っていました。

仏壇を運び出す父と沈黙する家族

同居していた養母が亡くなったのちのある日曜日、その連れ合いだった養父の遺品やらナニヤラ、カニヤラ（口に出しては罰が当たりそう）が収まった仏壇（位牌だけは養父母ともお寺にあずかってもらっていました）を、父が脊戸《せど》へ運び出そうとしているのに気づきました。朝食を食べ終わりべちゃくちゃ話をしていた私たち家族は、ハタと口を閉ざし、父に注目しました。みんな父が何をしようとしているかわかっていました。実は、母は幼いころから、この養母に必ずしも十分な愛情を授けられなかったらしく、それを知っていた父のこの行動に、家族は微妙な反応を示したのです。条件反射的にまず母が立ち上がり、数歩父に近づいては立ち止まり、ちょっと戸惑ったように足踏みしてから、父のあとに続いて裏へ出ていきました。

このとき、たとえ総領の長男が代表して父にもの申そうとしても、「……そうかなぁ?」なんて後戻りするオヤジではない。残された兄弟たちはみな黙ってしまい、おしゃべり会も解散となりました。

父のあとを追った母が止めようとしたか、それとも「南無南無南無南無……」と合掌したか、それはわかりません。やがて母は戻ってきて(手ぶらで)、炊事場で洗い物を始めました。しばらくすると焚き木の匂いが家の中に入ってきました。二階の窓から見下ろしてみると、案の定、地続きの野っぱらで、もうもうと上がる煙を、父は長い棒の先で突っついていました。

父は完全無欠の神仏嫌いで、初詣なんか行ったこともない。おせち料理は人の三倍も食らうのに、しめ飾りなどはさせない人でした。それでこういう行動に出たのでしょう。いちいち家人の意見など聞かない明治の男でした。

……それでも、老年、孫が大けがをして重体に陥ったときには、八五歳の老躯を引きずって成田山新勝寺まで回復祈願に行き、孫が無事に退院した折には、再度、お礼参りに参拝したと母から聞きました。毎日足が痛くて唸《うな》っていた父が、生涯に一度もしたこともない（と思われる）寺参りに行ったことに妻もタマゲタらしく、誰かに話してみたかったのかもしれません。

千の風に
千の風になって

実家の家財処分の折、その父の位牌を納めた仏壇を、私は自分の住まいに持っていくのが嫌でした。誰に何と言われても、天罰下っても、頭っから捨てるつもりでした。それでも位牌だけは、母のと一緒に布にくるんで持ってきましたが。

最終的に、かつてお坊さんが仏壇替えのとき、念仏を唱えて位牌を入れ替えたのを真似して、もんもんと線香を炊きに炊き、母の数珠を握って般若心経を唱え、仏壇を捨てたのです。北陸の浄土真宗徒の家に据えつけられる、巨大でピッカピカの仏壇でなくてよかったと思っています。

私には仏壇よりも「千の風」が大事なのです。位牌よりも「千の風」を信じています。ですから現在の我が住まいには位牌があっても、父の使っていた文箱に入れてあるだけです。「オレの位牌の前で、泣いたりするなぁ。そこにオレはいないよ。こもってなんかいないんだ。千の風にぃ～！　千の！　風になぁって、あのひろい野っぱらを吹きわたってるんだよ～」

この間、あるお坊さんがラジオで、最近は仏壇がないご家庭も多いと思うけれど、位牌や写真を飾って、手を合わせるだけでもいいのだと話されていました。仏壇がないお宅も増えているのですね。

第四章

捨てたけれど忘れがたいもの

母とオルガンのほろ苦い思い出

小さいころにピアノを習っていた方も多いと思います。私が子供のころは、ピアノにヴァイオリン、バレエやお絵描きといったお稽古事が人気でした。私もピアノを習っていました。でも、音符が読めません。音感の問題だけでなく、音符の拍数が数えられないのです。五線紙上の音符がどんな音を出し、どんな長短になるのか、どんなに目を譜面に押しつけても味気ない記号にしか見えず、パッと頭の中で音に変換されるなどという器用なことができないのです。右手だけでも読み取れないので、そこに左手が加わり、右手とは違う音階を奏でるなんて手品、私にはとても無理……。

ですが、私のピアノ歴は相当長いのです。一〇歳から（途中は抜けて）二五歳まで、楽譜とにらめっこしてほぼ一〇年。歳月を数えてみただけでも開いた口がふさがりません。中学に入るまでの五年間はピアノ教室に通っていました。先生はご商売上、「才能なし！　もうおやめなさい」とは言いません。高価なピアノには手が届かないため、おそらくは、なけなしの掻き集め的お金でオルガンを買ってくれた母に申し訳なくて、「もうやめたい」とは言えませんでした。

晴れの発表会で、私は譜面の一〜二段をすっ飛ばして終わらせました。もちろん暗譜ですから、自分では気もつけないともいえますが、終わっても気がつかないほどおめでたいのです。ものすごく短時間の演奏でした。場内からそれとなくざわめきが、舞台の私の耳にまで聞こえはしましたが、私はしら〜んぷり。「アァ終わった、終わったぁ」スキップするが如く舞台袖に消えました。卒倒しそうだったのは観客席の母。穴があったら、母はもう出てくることもなかったでしょう。先生は私をじっと眺めていただけで、何もおっしゃいませんでした。

「あなた、飛ばしちゃったのよ」。会場を出たあと、母が消え入るような声で教えてくれました。それからしばらくのち、「中学に入ったら勉強が多くなるから、やめる?」と母に聞かれた私は、素直に頷いたものです。

切っても切れない楽譜との縁

しかしオルガンとのクサレ縁は、そこで終わりませんでした。私が入学した件の良妻賢母を育成する学校では、高校の音楽科目に三年間でバイエル一冊を弾きこなすという課程があったのです。それ以上に高度なピアノ教育を修得していた生徒は、ツェルニーやソナチネに挑戦していました。

音楽室の奥にはピアノ練習用の個室の扉がずらりと並び、全校生徒が放課後や昼休みに引きもなく練習していました。もちろん試験がありました。かろうじて音楽で赤点を取らなかったのは、それまで同じバイエルを習っていたからではなく、やさしい先生の思いやりだったと思います。

ピアノから解き放たれたのは、高校卒業後の四年間でした。ところが、四年後にはまた同じ楽譜が私を待ち伏せしていたのです。私は大学を卒業後、ひょんな成り行きから幼児教育を学ぶため、京都の短大へ進学することになりました。縁あって、ある幼稚園の跡継ぎ候補になったのです。将来は教員になろうと思っていた私は、大学で中学高校の教諭になるための教育課程を履修しましたが、幼稚園教諭の免許は、当時の大学では取得できなかったため、短大に再入学したのです。

その幼児教育科の課程には、当然ピアノがありました。幼稚園教諭となるのにピアノは必須でしょう。考えなくてもすぐにピンとくるはずですのに、よほどおめでたいのです。幼稚園の後継者になれるかもしれないという思いに舞い上がってしまい、ピアノが苦手なことまで忘れていました。

苦労の連続。長いこと蓋を開けることもなかったオルガンの前にまた座り、またもオタマジャクシが大洋でアップアップするようにしか見えない音符を、危うい金魚すくいのような怪しげな手つきでブカブカ始めたのです。これが三度目のバイエルです。

あるときの授業で、初めて見る楽譜が配られ、三〇分のエアピアノ演奏による練習後、一人ずつ演奏するという抜き打ち試験がありました。弾けなかったのは私一人でした。

それでも短大一年生のときは、いつも学生の左に座って指導する先生が、ある日、右側に座るので、なぜだろうと思っていると、先生の薬指にはダイヤモンドの婚約指輪が……というようなフェミニンな先生でしたので、何とか進級できました。でも、二年生では鬼と呼ばれた長老の主任教授に当たり、今度はその教授の右手で思い切り叩かれました。

これでは落第する！　私はあせりました。

一計を案じ教授に直訴

それでも卒業できたのは、裏技を使ったからです。私は個人的に教授を訪ねました。

「将来について、ぜひ先生にご相談したいことがあるのです」。

先生は、私のことをすぐに思い出せなかったのか、満面の笑顔で対応してくださいました。そこで私は、自分はほかの短大生より五歳も年上で、頭がかなり錆つき回転しなくなってるんです、と打ち明けたような気がします。過日お怒りにふれたことを謝り、それからピアノも弾けないのに幼児教育科に入った理由を説明しました。先生は親身になって話を聞いてくださいました。

さらに、私を幼稚園の後継者に推薦した恩人の名を告げると、幼児教育者同士のつながりにあった先生は大変喜ばれ、親近感まで表してくださいました。

そしておっしゃいました。「そのお歳で初めてのピアノなら（これを聞いて私はドキリ。でもこの際、〝初めて〟で通すしかありません）、弾けなくて当たり前ですよ。わかりました、そういうご事情なんですね」。私はこの言葉にただひたすら平身低頭。返す言葉もございませんでした。

しかし、です。こんな裏技の罪が祟ったのか、卒業後にはより大きな苦労が待ち受けていました。幼稚園に勤めた私は、ピアノの周りに群がる園児の中で、どうしてもお歌の伴奏を弾くことができなかったのです。ストレスから体調を崩した私は、退職することにしました。生涯の安定を見込んだ幼稚園後継者になる夢も、しょせんは打算的な欲望で、幻想でしかありませんでした。

オルガンとの別れの日

退職の決まった日、私はオルガンの蓋をちょっと開け、鍵盤の先をなでて言いました。「ごめんなさいね」。

オルガン君は何と答えたでしょうか。

「僕たち、相性がいいほうではなかったね」

「そうね、別れと出会いを繰り返し二〇年近く付き合ったけれどね」

「弾けないのに弾こうとする君と、『また弾くの!』と目をつぶった僕」

「私、きっとあなたに、母の私への思いを重ねてしまっていたの。今でもあなたを粗大ごみに出そうとすると、母の思いに背くような気持ちになるんですもの」

「お母さんは、君が将来、ピアノの先生にでもなれれば、食いはぐれはしないかもしれないと無理して僕を買い、習わせてくれたんだものね」

「ええ、じょうずに弾けなかったことは、母にもあなたにも悪かったと思うわ。それから私を幼稚園に推薦してくれた恩人や園のみなさんにも、とても迷惑をかけてしまった」

「その通りだね。じゃあ、君の代わりに僕が幼稚園にツトメルよ。園児の遊び相手にはなるだろうさ。お母さんもきっとわかってくれるだろう。『寄付します』と言えば幼稚園も悪い気はしないだろうから」

すべてお見通しの二〇年の付き合いに、私は「ありがとう！」と言って蓋を閉め、退任後の代理人として、当時暮らしていたアパートから幼稚園へと、オルガンを送り出したのでした。

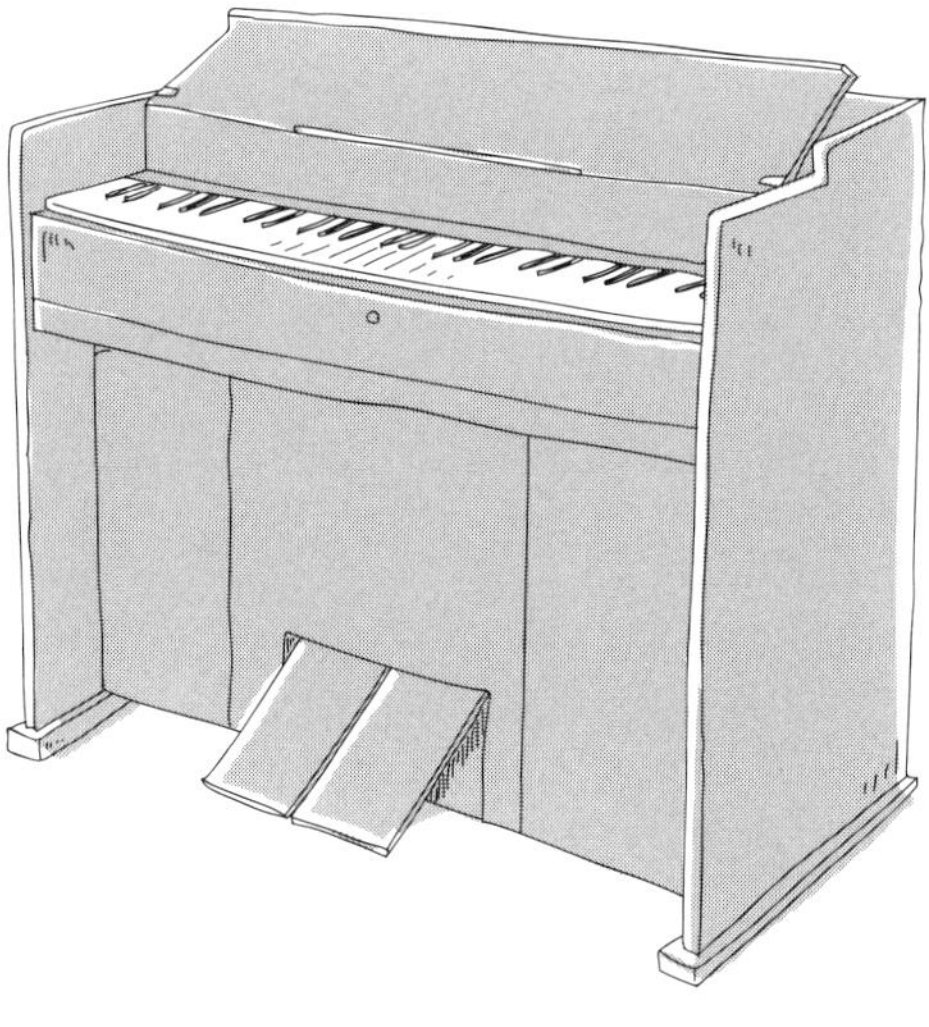

陶芸ギャラリーと花街と…古都・京都での日々

幼稚園の後継者になるという夢があえなく潰《つい》えたあと、私は日本画の画廊に勤めました。画廊が新設した現代陶芸画廊に配属され、清水焼の店舗が並ぶ京の都の観光地のお膝元で、周辺の店とは色合いの異なる、クレイワークとか陶彫と呼ばれる土のアート作品を扱うようになりました。

窯元と呼ばれる窯業所で量産される皿や小鉢など日用使いの器でもなければ、ちょっと手びねりを加えたような趣味的な陶磁器でもない、しかも動物や七福神など伝統的な焼物の飾りでもない。新作オリジナルの（当時はよく前衛的という言葉を使いました)、そもそも用途のないオブジェであって、それを展覧会や個展を介し、作家の来歴を紹介しながら売り上げにつなげていく仕事でした。展覧会を企画したり、展示作業を行ったり、売値を決めたり、接客したり、売り上げを計算したりするだけでなく、作家から買いつける仕事もありました。

それまでの私は陶芸について何も知らず、絵画ほどには関心もよせてこなかったので、着任してから陶芸について学んだり、作家について調べたりしながら仕事を始めました。全国に作家を訪ねて作品を見せてもらって、それを買い取ったり、あるいは委託を受けたり、展示を依頼したり……。商品をお客に販売するより、作家から買いつける仕事が好きでした。陶芸のトの字も知らないのに、その道の大家から話を聞くのはとても楽しいことでした。

美術作品ブームに乗り繁盛する画廊

石を投げれば画廊に当たるなどといわれる銀座界隈とは違い、京都では現代陶芸画廊は珍しかったのです。しかも、伝統を重んじる焼物のメッカで奇態な物体（失礼）を仰々しく展示していたので、妙に注目される画廊の一つでした。観光客たちはウィンドウの前で立ち止まり、ガラス窓に額をくっつけて中を覗き込みます。店内から観察していると、必ず「なーにこれ〜！」と口が動くのがわかる、ドアを押して入ってくる人もいるけれど、「わっからんわい」と立ち去る人が多い。

それでも当時は第二次絵画ブームといわれるほど美術品コレクションが流行しており、名の通った陶芸作家の作品をコレクターたちが買い求めました。各地から愛好家が来店するようになり、顧客が増えたおかげで、私のような従業員のお給料も多めだったのです。

こんなものに誰が金を出すのかと思うような高額な作品をたまたま売ったりすれば、基本給に上乗せの歩合給分が膨らみ、「ええっ〜！」と、思わず床に落としたほどの札束（当時は現金支給でした）で、目を疑うような特大収入を得ることもありました。

さぁパアーッとやろう、パアーッと！　……しかしケチな私は、そんなときもグッと手綱を引き締め、床に正座すると、札束を目分量でババッと分け、ちょっと多めの

二〇代前半から一二年、京都で暮らしました。

片方を貯蓄してから、祇園に繰り出したわけです。

祇園で遊ぶといえば敷居の高さが第一関門ですが、ケチの遊びは一風違います。日中の喧騒を持ち越すような飲み客が多くなる時間帯を避け（基本的には）、やっと玄関が開くほど早い時刻に行って、祇園の空気を独り占めするのです。芸妓さんたちにとっても、女一人のお金にもならないお客は、早く来て早く帰ってもらったほうが面倒も起きずよろしゅおまっしゃろ。ともかく一杯のかけ蕎麦ならず、当時の私にとって、祇園はかけがえのない一杯の盃《さかずき》でした。

というわけで、私にもにわかセレブ風な時代があったのです。

薄暗い小路の奥に漂う慕情

私は、華やぎを薄暗い小路の奥に閉ざした、非日常的な花街の情感が好きでした。秘すれば花の如きお茶屋の家構えが並ぶ路地（京都ではロジでなくロージと言うんです）の水を打ったアプローチ。戸口を開けて一歩踏み入れれば、京都らしいささやかな庭につのる、静寂にして潤沢な気配。屋内の、清冽に磨き上げられた佇《たたず》まいと、行き届いた意匠。文化の深さを感じさせる品格ある艶冶《えんや》が匂いたち、まるでエトランジェにでもなったような心地にさせられるのです。

こういうところは徒党を組んで歩くところじゃない。かといって物珍し気に覗き見するようなのもよくない。舐めるように観察するのは野暮というもの。どうしたらここが自分の住処でもあるかのように歩けるか。この闇の華やぎに、どうしても我が身をなじませたい思いでした。

自宅を兼ねたお茶屋のお座敷奥の一室では、少年が一人ひそやかに稽古する舞姿を、垣間見られることもありました。

お茶屋は、旦那衆がひいきの舞妓や芸妓を「置き屋」から呼んで、舞を見たり謡いを聴いたり、またたわいないゲーム遊びに興じるなど酒宴の場ですが、そこの家主であり、素人中学生さんらを舞妓はんに仕立て、教育するお母はんの住まいでもあります。客用のお座敷のほかに、お母はんが個人的な知り合いにお酒をふるまうホームバーもありました。とはいえ、お座敷雰囲気の延長上にある、一見さんお断わりが営業ベースのバーです。

画廊のお得意でもある芸妓はんたちは、仲良しになると、「もうアンタ、泊っていきよし」など、（店じまいの時間どすえ……の信号と分かっていても）親しげに気遣ってくれたり、素人はんが知らないようなところへも連れていってくれました。

母からもらった水晶の帯留めを洋装に使えるアクセサリーに替えてくれるお店はないかと聞いてみた折などは、ある芸妓さんと休日の日中に待ち合わせて、彼女たちの特殊な装飾品を製造販売する、私には生涯無縁の宝石商へ案内してもらって、ペンダントに作り直してもらいました。

二人でバスに乗り、二人でおうどんを食べ、二人でデパートを見て回る。ごく普通のことなのに、並び歩く彼女から漂ってくるものは、非日常的はんなり色香なのです。

また別の折、ある女将から、大枚をはたかなければ聴けないような小唄だか地歌を、カラオケバーでゴスペルのように歌ってもらったときは、その場に居合わせることができた陶酔感に浸ったものです。

日本の中の異郷
京都の奥深さ

京都は日本の旧都ですが、現代のとくに東京人にとっては、日本の中の異郷といえる特殊な文化都市でしょう。古都でありながら常に新しく衣替えをして、今も文化の最先端を担う町だからです。

寺社仏閣もだいぶ訪ねました。寺社建築は、昼夜で相貌を変えるのが興味深いのです。当時、夜の境内拝観というイベントはまだありませんでしたから、私が見たのは外観だけですが、外観の相貌にこそ、心震わせる荘厳な趣がありました。

それもわざわざ見に行くのではなく、例えばかなり遅い時間に自転車で出かけたようなとき、暗い通りから突然朱塗りの大鳥居がぬっと現れたり、高大な門構えが焔《ほむら》のように黒い天中を焦がしていたりするのを目の当たりにすると、私は今、いつの時代を通り抜けているのだろう……。本当は、私は牛車に乗った女房殿なのではないだろうか……などと心がざわめき立ったものでした。

しかし私は、その花の都を捨てました。

仕事を持つ人のほとんど誰もが思うこと。身近な人にちょっと口にしてみること。それは、「仕事、辞めようかなぁ〜」ではありませんか？　難関にぶつかるたび、私も考えました。まぁ、細かいことをいえば、画廊とてお商売です。京という商業都市にあっては商才こそ何にも勝る力でしょう。商売とはトント無関係な公務員家庭に育った私には、とても太刀打ちできませんでした。不器用な私は、ご推察通り、嫌と思ったらサヨナラしかあらしまへん。私は退職し、一二年を暮らした町を捨てることにしました。

洗練に洗練を重ねた魅力的な町ですが、魅力的すぎるのです。暮らすということは、なじむこと。なじむということは、憧れが憧れでなくなること。それではもったいのうございます。

京都はよかったけれど、離れたこともよかった。私にとっては第二の故郷も、遠きにありて思うものかもしれません。

実家の全集と奇妙な形の棚

以前はどこのお宅にも、立派な百科事典や全集がありました。私の実家も例外ではなく、父が愛読した『徳川家康』ずらり二六巻や、四兄妹が使った百科事典、私自身が所蔵した文学・世界史全集などがありました。

とくに思い出深いのは、『近代劇大系』という一六巻の全集です。厚さ五センチはある菊版（二二×一五センチ）で、洋書を真似て金箔を用いた装幀本でした。ケースもカバーもなく、金地に黒っぽい蝙蝠《こうもり》の絵を背表紙上部に配したデザインは、厚みがあるだけに、子供心にも素晴らしく豪華なものに見えたものです。

本というより、質素な応接間兼居間を飾る唯一の逸品で、安易にふれてはいけないもののようでした。

出版社の記載がなく、奥付にはただ非売品と書いてあり、父が誰かに無心して手に入れたか、いわれがあって譲り受けたか、それとも戦時中のどさくさで、どこか（もしかしたら父が勤めていた役所の倉庫とか）から、略奪してきたのかもしれませんが、聞かずに終わった謎めいた書物でした。

何度か開いてみたことはありますが、中の紙は劣化でパリッといきそうでした。全巻戯曲で、演劇を目指していた兄の友人がこれを見て盛んにうらやましがるので、やっと内容の価値に気づいたくらいのものです。私が知っていたのは「人形の家」だけだったと思います。私は美しいものには反応しましたが、読書家ではなかったのです。

しかし、これを読んでいる家人を、私は見たこともなければ、分厚い一冊が抜き取られた空洞を見かけたこともありません。我が家の読書力を象徴するような、お飾り用積読でした。

テレビを収める大きな三角棚

『近代劇大系』は、実家の応接間の角に、父の知り合いの大工がこさえた奇妙な三角形の棚に並べてありました。その棚は、天板が二等辺三角形で、正面側の幅は二メートルほど。鴨居の高さまであり、壁と直角に接する部分は棚も直角なのですが、正面から見た左右の角が少し削れているので、正確には五角形です。まぁ、部屋の角にある大きな三角棚だと思ってください。

その棚には上下三段の仕切りがあり、上段はガラスの引き戸。下段は板の両開き扉。そして中央が立方体にぽっかり空いていました。その窪みこそ、ザ・テレビの玉座で、テレビが家宝だった時代を表しています。そのいわば聖なる龕《がん》（単なる窪み）の天部には、手前に引き出せる板がついていました。テレビを映画と間違えたのか、画面を暗くするための仰々しい天蓋だったのです。

父はその三角棚がたいそうお気に入りで、数年ごとにニスを塗って愛でていました。

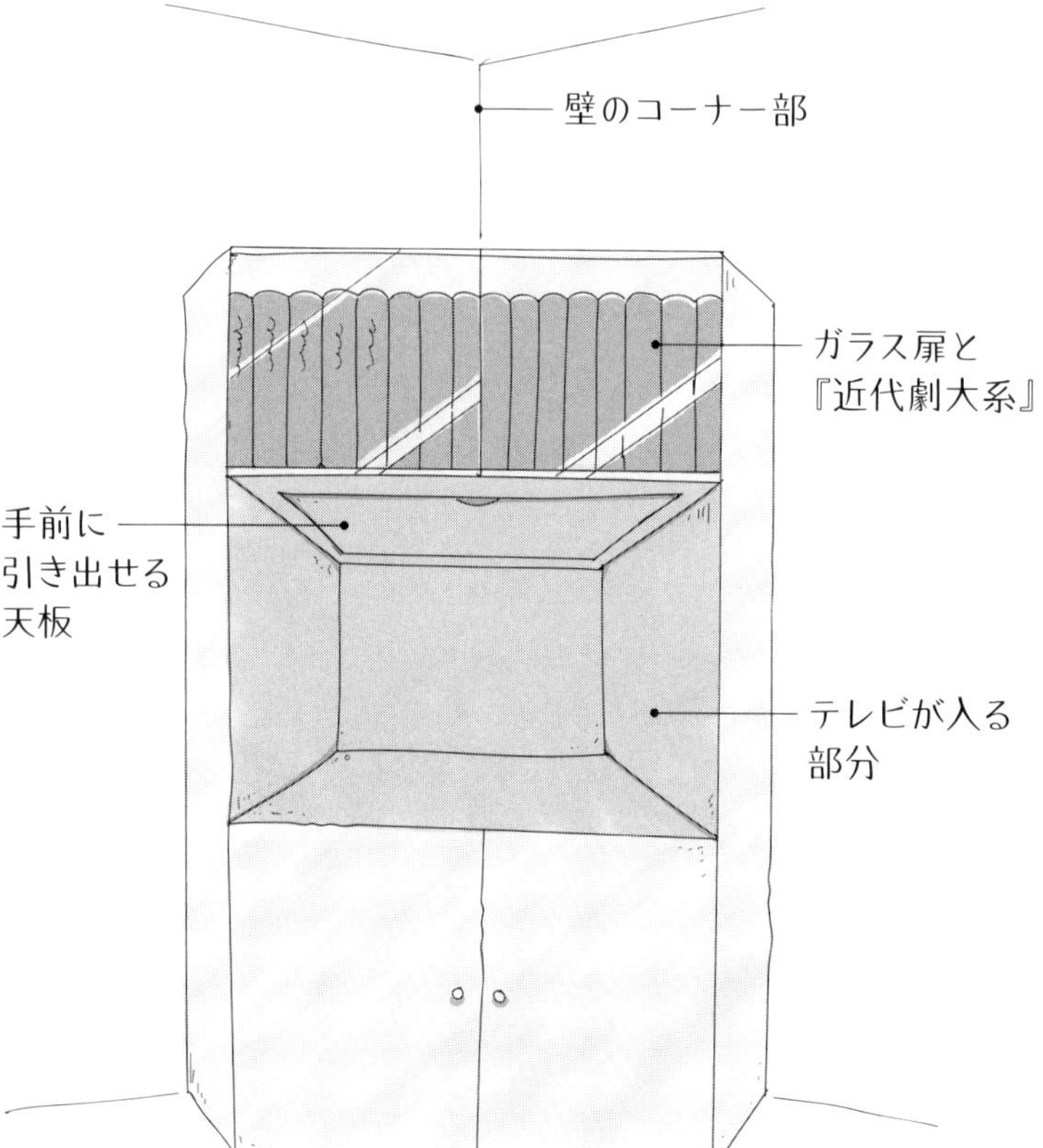

実家の応接間の角に据えられた大きな三角形の棚。
中央がテレビの場所。
あのころはテレビが一家団らんの主役でした。

この棚はものすごい重さで形もへんてこりん。捨てるも移動するも、びくともしない代物で、家屋解体時に業者に頼み込んで一緒につぶしてもらうしかありませんでした。

そのとき、この家に君臨し、この家とともに滅びるその棚の分身として、御テレビの王座から天蓋だけを抜き取って、今でも捨てずにとってあります。人様にとってはナニコレですが、ニスのおかげでいまだ艶やかなその板を、転居先によって台にしたり、トレイとして使ったりしています。

古本屋に売ろうと試みる

棚のお飾り、『近代劇大系』はどうなったのでしょう。実家を引き払うとき、家具処分よりも先に古本屋を呼んで、そのほとんどを持っていってもらいました。多少は買ってもらえましたが、ネックとなったのはいくつかあった全集物です。

「こういうのはですねぇ……」と古本屋は渋い顔。「今はもう買い手がないんですよ」。腕組みして、畳に積み上げられた全集群から顔を背ける古本屋。……なるほど、私だって買わない。しかし、ここで納得してはいられない。

「いや、これこそ持っていっていただきたいんですよ」。ここでもまた私は懇願の構えとなり、苦笑いする古本屋に向かって、手をスリスリ擦り合わせました。

二〇回も引っ越しを繰り返した私にとって、本は「もう嫌」の代表格です。とにかく梱包が大変。どの引っ越しも一人で片付け、荷造りしてきた私にとって、小さくても重量のある書物の段ボール詰めは、そのつど指に負担がかかり、とくに反り返える親指はずきずきと痛み、終わるころには毎度腱鞘炎《けんしょうえん》を起こすのが決まりでした。

引っ越せば引っ越したで、新居の本棚に入れるのが一苦労、二苦労。そんなわけで、もう本はいらない！　と決心したのです。自慢にも何にもなりませんが、今の私はほとんど蔵書を持ちません。蔵書を捨てたとき、もう何でも捨てられると悟ったほどです。

さて、本売りの話に戻りますが、私は別にしておいた『近代劇大系』を厳《おご》そかに部屋に運び入れ、これならどうだと言わんばかりに古本屋に見せました。希少本だと思い込んでいたからです。だって非買品なんて珍しいでしょう？

しかし、ああ勘違い。「ププ」と笑われた感じでした。本屋は軽く首を振り、「ほぼ屑です」。失礼ですが……と付け足したかどうかは聞きそびれましたが、私はその場に崩折れたい気分でした。そんならもう頼むもんか。この愛すべき全集だけは、この手で捨ててやる！

ところが、引っ越し当日、新居の片付けの手伝いをしてくれることになっていた友人にその話をしてみると、全巻をもらい受けてくれると言ってくれたのです。引っ越し荷物の搬出されたあとの実家で落ち合った私たちは、女二人でその重厚な一六冊入り紙袋を分け持ち、エッサエッサとこの旧宅をあとにしました。

第五章

台所スリム化計画

昔の日本家屋では台所は人目につかない場所にありました

みなさんが子供のころに住んでいたお家は、どんな間取りでしたか？　私の生家は東京の空襲で焼け残った一帯にあり、いわゆる文化住宅と呼ばれる造りでした。もちろん、文化住宅にも各家でいろいろあるでしょうが、基本的に玄関脇には洋間があって、玄関の奥にいく部屋か座敷が並ぶ。座敷間はふすまが入っていて、立てれば個室、開ければ広間になります。座敷の一間（だいたいは床の間のある部屋）には、障子で仕切られる縁側式の廊下があって、おおかた廊下の突き当たりにお便所がある。

お便所の手洗いは、お便所の外にあって、蛇口をひねれば出る水道ではありませんでした。ただし、これは昭和二〇～三〇年ころの我が家や、そのご近所さん宅を例にしていますから、ワンランク上のお宅は、きっとお便所の面積がもっと広く、水道水の出る手洗い場があったかもしれません。でもこのタイプですと今日とあまり変わらないので、話のタネに小市民的我が家のほうで話を進めることにします。

手を洗うのは、扉のすぐ外の廊下の庭側であり、水は、軒下から吊り下げられた卵型の奇妙な水入れ金属タンク（大きさや形の差異はありましょうが、直径二〇センチくらいで長さは約三〇センチくらい）から出します。タンクの底には、五センチくらいの棒状の突起物が飛び出していて、庭先に手を伸ばしてその細い棒をタンク内に押し込むと、そこから水が出てくる仕組みです。真下の地面には、水受け用の手水鉢などがあったりしました。その傍に、南天の木が植えてあるのが一般的です。……厠が長くなりましたね。失礼。

では廊下から家の中央に戻ります。床の間のある座敷を横に見ながら、縁側沿いに玄関のほうへ渡り、玄関正面の茶の間（今日の居間）の奥に行くと、台所があります。そこは床が一段下がったたたき（板の間）です。昔の日本家屋の台所は、人目につかないところ、少なくとも玄関（土間の出入口でなく）から隔てられたところに位置していたようです。

それが、ある時代から突然表舞台に登場してくる。欧米化の始まりです。現代の真新しい住宅は、リビングルームとの間をカウンターで仕切った、オープンなキッチンが主流になっているようです。よく見通せるようになったのにともなって、調理具までおしゃれになったのでしょう。

人目につかない台所が理想

あるテレビ番組を見ていて、「ああ、そういうことか」と私も初めて納得したことがあります。日本の食文化にインスパイアされて来日した白人女性が、日本人と結婚して、地方の古い日本家屋に暮らすという内容です。

彼女はその家をリニューアルするとき、玄関から隔てられていた台所の壁を取り払い、隣の小間を含めた台所の空間を広げながら、玄関ホールと一体化するほど表側に引き出したというのです。

今や都会に建つ多くの家もこうした造りで、キッチンは玄関に近く、居間兼客間に隣接しています。テレビのリニューアル夫人も言いました。「お客様を招き入れやすいところにキッチンを移動したかった」と。

ヨーロッパの家といえば、私はつい貴族の邸宅のような住まいを思い浮かべ、食堂のテーブルにはドレスアップした一族がそろい、キッチンからメイドが運んでくるお料理を給仕される……といったシーンを思い描いてしまうようです。舞台裏であるキッチンからは離れた静かな食堂。でも、よく考えれば、それはごく一握りのご身分の方なんですよね。

そうなると、明治から昭和初期ころの日本の庶民層は奥ゆかしかった、のかもしれません。台所は玄関からも、床の間付き客室からも離れていましたから。私も、できれば隠れた台所が好きです。

小間物が多い多少ゴチャついた台所でも、見慣れてしまえばそれで当たり前。むしろ台所は、温もりと生活感のあるよき場所じゃない？　というご意見も多そうですが、どうも私は生活の匂いのしない草庵風ガランドウのほうが、好みなのです。台所も、ものはなるべく減らしたい。ハイテックな白物家電も、またバウハウス様式調理具のグッドデザインでも、自分の生活空間としては心理的にリッチすぎるのです。

というわけで、台所のものを少なくするお話です。

台所にはできれば何も置きたくない

これまた別のテレビ番組で、特殊なキッチンを紹介しているのを見ました。あるお宅は、居室との間に境界のないキッチンの全システムを設け、それぞれを扉で覆っていました。流し、ガス台、調理台、食器入れ、冷蔵庫まで！ ご想像つきますか？ 水を出すのも、一品の料理を作るのも、その箇所の一扉、あるいは全扉を開けて使うのです。なんともお手間ですが、扉を閉じたときの見た目はキッチンが消えるが如しで、私は素晴らしいと感じました。とうてい真似できそうもありませんが、すっきり化の極致でしょう。台所用品は、何もかも見えないほうがいいと思っている方が、私以外にもいらしたことに勇気づけられました。

小物を買わず代用品で工夫する

私は台所用品をあまり持ちません。まともな料理もしないからという簡単な理由ですが、なお節約にもつながるからです。それに台所を清潔に保ち、お邪魔虫などご招待しないためには、なるべくものを置かずに、風通しをよくしたほうがよいと思います。キッチン作りに精を出しすぎると、とかくものが増えますよね。そしてお金は減っていきます。

毎日頻繁に使う台所は雑然としがちです。また水周りは菌の繁殖率が高く、とくに年期の入った台所では、雑物が多いと不衛生に直結していきます。台所のお掃除は毎日念入りにするにこしたことはありません。そして、古くなった調理具は雑菌付着率も高いので、思い切って処分しましょうね。

最近は百均ショップなどに行けばいろんなグッズが売られていますが、すぐ買って

うれしがる前に、それらが次々と台所のスペースを侵略していくことを考えてくださ
い。安易にものを増やすことより、代用品になるものに思いめぐらせ、工夫して作っ
てみるのも楽しいものです。
例えば新しいのが欲しいと思っていた矢先に、きれいなまな板を見つけたとします。
それでも飛びつかずに、いったん店を出て帰宅し、牛乳パックとかお菓子箱の蓋の裏
の厚紙を、まな板にして使ってみる。それらは使ったらすぐ捨てることが肝心ですが、
一度再利用できれば箱も処分し甲斐があるというものです。
『おひとりさまのケチじょうず』にも書きましたが、透明なプラスチック容器をとっ
ておいて、小さなボウルの代わりにすることもできます。
惜しげなく使えるものを活用し、一度使ったら早めに捨てて、キッチンは常にすっ
きりさせておきたいものです。鍋釜の類もあまり増やさずじょうずにやりくりして、
「大小一つずつ」と少量に抑えたりする。そうした工夫を考えることは、少ないもの
で美しく暮らす第一歩です。

食器戸棚もありません一人分の食器はシンクの引き出しなどに収納

実家には家族数に見合った、大小いくつかの食器棚がありました。一人暮らしのときは台所も狭かったですし、食器の数も少なかったので、食器棚などは贅沢品の最たるもの、むしろ邪魔なお断わり品でした。でも、ちょっとちょっと？　こういう棚のある家の暮らしって、どんな感じかしらん？　なんて想像したのが事の始まり。

そのころの私は、実家を片付けたら、またどこかの小さな住まい暮らしに戻るのだから、家財などは以前の一人暮らし時代のものだけでたくさん。実家からは一つももらい受けることなし。応接セットを廃棄したように、すべて捨て切ってしまう意気込みでした。

　ところが粗大ごみとして捨てる家具を、もっと減らさなければならない必要性にも迫られたのです。ごみ家財の処分にかかる費用を合算してみたところ、思いもよらない膨大な額になったのです。もはや私には支払い不可能でした。

　そこに、「台所に食器棚がある暮らし」という、新しい住まいのイリュージョンが重なり誘惑された私は、一番新しい棚の一点をゲットする羽目になりました。

　それは同時に持ち込むことになった食器とも関係しています。実家の食器類はほとんど不燃ごみに出す予定で、よさそうなものはすでに知人にもらっていただいたりしていました。でも、食器棚を持っていくとなれば、食器たちのお家もできるわけです。この大鉢さぁ……、一回使ってみようかなぁ……。お芋の煮っころがしなんか、わざと少なめに入れて、高く盛り上げて木の芽一枚添えたりなんかすると、どこぞの料亭風になると思わない？　なあんて邪心を起こさせる器たちを、身のほど知らずの数、抱え込むことにもなったのでした。

　それが実は本意だったのか、はたまたまことに不本意だったのかは、複雑なところです。

ところで当時、私は実家の片付けと、今後の住まい探しを同時に行っていました。新居はできるだけお安い、こじんまりしたアパートを買う予定で、交通の便がよい二三区内に目星をつけていました。ところが、実家の家財の処分費用が捨てるに捨てられないほど高額なことが発覚したことで予定が狂い、そこへ誘惑と邪心からいくつかの家財を担うことになった結果、都心から遠くて不便ながら、やはり安価で、広い間取りの、近郊都市団地に計画を変更せざるをえなくなったのです。もしもワンルームマンションにいくつもの家具など持ち込めば、私は生涯、立ったまま寝なきゃならないからです。

ほどなく後悔 やっぱり捨てたい食器棚

簡素な生活を求めているはずでした。いや、正真正銘、求めてはいるのです。それなのに転居先の団地は三間もあって広すぎ。たった3Kでも、草庵志向の私には、

「自分の家だぁ」と自慢気に（少なくとも平然と）言ってしまうには、広すぎるのです。それでも、兄の使っていた机や、まだ新しくてウイウイシイ（素木《しらき》だから、そう見えます）整理ダンスなどにプラス、予定外に同居することになった食器棚などを入れるには、たしかに適当な面積です。それに、周辺の自然環境が抜群でしたので、「まあ、文句なしか」と自分を納得させました。

一人前の家具というのは、それなりのご立派感があります。実家からもらい受けた食器棚も、初めのころはガラス戸内に収めた食器を重ねてみたり外してみたり、移動させたり入れ替えたりと、熱心にディスプレイし直して楽しんだものです。数歩下がって腕組みしながら観賞してみると、人並みダイニング風情をその食器棚が醸してくれるのが物珍しくて、まるでよその家みたいに思える家庭的な雰囲気を味わってみたりしました。

しばらくはこうして食器たちや食器棚とともに暮らし、定番ダイニングに身を染めたものの、ほどなく使いもしない食器を見ているだけで食傷気味となり、食器も食器棚も葬り去りたい願望がメラメラと火を燃やし始めました。やっぱり私が落ち着ける

シンク上の棚には、食器をカゴに入れて収納。鍋も最低限の数に。

住まいとは、「台所といえども食器棚はなし」的な家だったようです。

ガラスの両開き扉を開けるたび、「この棚をもらい受けたのは、あくまでも実家に捨てるものが多すぎたからよ」と、私は棚と食器たちに向かって言うようになりました。お金儲けしたら、……ないに決まってるけどね……、「あなたたちを、真っ先に粗大ごみで捨ててあげる」と言い添えることも忘れずに、扉を閉じるようになりました。

その後、何年もかけて中身の食器を捨てたあと、空洞化していく食器棚とも別れる機会を待ち構えていました。そして一〇年後に再び引っ越すことになった私は、それが決まると、再度予算が合わなくなる失敗を繰り返さないよう、この食器棚を真っ先に捨てることにしました。キッパリと別れたのです。

今の住まいでは、食器はシンク上下の引き出しや、シンク上の棚に置いた籐のカゴに収納しています。一人暮らしですから、そのくらいで収まる食器で十分なのです。でも正直、まだ多いくらい。私が今、密かに期待しているのは、これらが何かの拍子に割れて、ごく自然に減っていくことなのです。

電気釜は持たず
ご飯は鍋で炊きます

あなたのお家の調理台周辺に、王者の顔で君臨しているのは電気釜や湯沸かしポットではありませんか？　私は調理具が台所にチラホラしているのが嫌なくらいですから、デンとした電気釜などはもちろん敬遠。白物家電み〜んなご敬遠でーす。なぜって、見た目がキライなんです。……あれって見た目で使うもの？　生活必需品でしょ？　……でも私、必需品より見た目が大事なんです。

とにかく一番キライな台所用品は、炊飯器です。もう何十年も、我が家にはありません。

初めて鍋でご飯を炊いた感動

京都で暮らしていた学生時代、寮が取り壊されることになり、近所の下宿に移った私は、共同の台所を使うことになりました。流しの前に立つと、小窓から、大の字がくっきりと刻まれた大文字山と対面できました。この景色が気に入った私は、鍋米抱えてしばしば台所へ行くようになりました。

小窓を開けてお米に水を注ぎ、山を見ながらシャカシャカと研ぐ。生まれて初めて、お鍋でご飯を炊きました。お鍋で炊くのも、炊飯するのも、このときが初めてでした。ですからとってもうれしかったのです。美味いとか不味いとかの問題ではなく、「自分でメシを炊いた」という実感です。古い、質素な木造アパートの暗い台所で、お菜もメザシ一匹くらい。ただメシを食らうを喜びとするっていう感じ。

実は、親の手伝いというものをしたことがなかったのです。いえ、オンバヒガサだったのではなく、学校の成績が芳しくなく、親は、手伝いなどさせて勉強時間を削り、さらに成績が落下することを恐れたのです。

それで、下宿して初めて、米に水を入れてガスにかけると、私でもご飯にできるということを知りました。驚きと感動だったのです。

それ以来、米は鍋で、に決まりました。鉄鍋を愛用していました。昔々から、いろりのじざいに掛けられていた、手付きの丸っこい鍋です。木のしゃもじで汁や粥をすくう時代劇のシーンがあるでしょう？　あの鍋です。二〇年間くらい私は鉄鍋一筋でしたが、母親と同居したとき、電気釜があったせいで不要になり、物置に入れておいたら全体にカビが生えてしまった。それを除去する方法を知らなかったので、一人暮らしに戻るとき、泣く泣く捨てました。

転居先では実家から持ってきた土鍋でご飯を炊きました。これは比較的ありきたりなもので愛着がなかったためか、じきに割ってしまいました。毎日使うものは破損しやすいですね。

今は電子レンジで、一〇分くらいで炊き上がる一食分の鍋を使っています。景品でもらって、こりゃ小さくて場所を取らないからよいと、もう六年ほど愛用しています。

ダイニングテーブルの代わりに小さなスツールで一人贅沢な食事タイムを楽しむ

我が家には食卓がありません。いえ、ないも同然、と言うべきかもしれません。私の食卓は、昔、……そうですね、四〇年前ころに家具店では必ず売っていたキャスター付きのワゴンです。幅四〇センチで奥行が六〇センチ。特徴的なのは片袖を上げて天板を広げ、折り畳んである脚で支えると、天板の幅が七〇センチに広げられる点です。キャスター付きなので移動も楽です。

天板を下ろした細身スタイルで置いておくと、部屋によってはコンソールのように体裁のよい家具にもなりますのに、どうして最近は製造されなくなったのか不思議です。もし今このワゴンをどこかの店で見つけたら、ケチな私でも買うかもしれません。食卓に代用しているワゴンは、壊れかけのあまりに老体だからです。

このワゴンの構造をもう少し解説しますと、基本形の細身の胴体は物入れになっていて、胴の両面から開け閉めできるような扉がついていています。いや、「いました」と過去形です。今では扉の一つが蝶番《ちょうつがい》となる留め具を失ったため、片面は扉なしです（つまり、一方からは中身が見え見え）。四〇年も使って転居を繰り返しすぎたため、ほかにも数か所壊れています。当時、たしか一万円もしない、いわゆるお買い得品でしたから、頑丈な作りでもなかったのだと思います。

それでも、私はこのワゴンを愛用しています。なぜなら天板を広げた七〇センチが、我が家のダイニングルームの幅だからです。え？　七〇センチしかないダイニング？と思われたでしょうか。

ダイニングと言ったのがいけない。単なる狭い台所の床幅です。しかし！　私にとってはこここそ、二つとない絶景食堂なのです。ワゴンを置いた、その真正面がちょうどベランダへ出るガラス戸ですので、目に入るものは住居からそう離れていない森林のような緑と、空と、樹林の下をうねる草地の斜面だけです。

私は、日々この風景の、天候による変化と季節ごとの変貌を、食事とともに興じているのです。晴れた日の大楠はブロコッリーのような鮮やかさ。雨の日は蕭々《しょうしょう》たる渋茶色。春は桜花、冬は雪片がガラス窓の目前まで飛んでくるのです。

夕飯は気分を変えて小さな擬似テーブルで

夕飯は場所を変えます。その理由もいくつかあります。

その一、電気を点けると、外を向いて食事している姿が、外から丸見えになる。外は林ですからほとんど人通りはないのですが、小路があり、たま〜に犬の散歩の人などが通らなくもないのです。変な食事スタイルをあんまりは見られたくないと思いますので、キッチンでの食事は昼食だけにしています。

理由その二、朝昼晩とメリハリをつけたいからです。一人暮らしはとかくのんべんだらリズムに陥る。自分で自分の気持ちをコントロールするためには、衣食住にわたって気分転換に向けた行動を起こさなければなりません。誰に気を使うこともない。何でもやってみるのです。朝と昼しっかり食べるので、夕飯は食事内容より「寛ぎ食」です。

その結果、夕飯だけは、絶景食堂からリビングルームの一隅へと場所を移すことにしました。その一隅は小料理屋風食堂とでも言いましょうか。テーブルはこれまた変ですが、ワゴンと同い年のスツールです。スツール？　それって椅子よね？　はい、四〇歳になる籐の椅子です。そしてこのスツールも壊れてしまい、座れないのです。

座が抜けているわけではないので、数秒でしたら五〇キロの人でも六〇キロの人でも座れますよ。三五キロの私なら数分は抜けないでしょう。しかし、安心して座ってはいられない。……そんなもの捨てたら？　と思われるかもしれませんが、よほど気に入っているのでしょうね。籐の網目が大好きなんです。座部は不器用につくろったためカバーをかけて隠していますが、脚がいい。それで、これの上にお盆を載せてテーブルだと自分に思い込ませているのです。こういうときも一人者はいいですね。誰からも、「これは椅子だ。テーブルじゃない」なんて文句を言われない。

やはり籐製の肘掛け椅子（この大型椅子も修繕して使っています）にどで～んと座って、小卓と称しているスツールのお盆の上に、切り干し大根やひじきなどの惣菜を入れた豆皿や小鉢を置いて、ちびりちびり夕飯を食べています。提灯型シェードの灯りの下、いいものですよ。老人一人暮らしの「孤食」なんて言われ問題視されていますが、気分のよい「お寛ぎ孤食」だってありえましょう。

夕飯はスツールをテーブルに見立て、
お盆に豆皿や小鉢を並べて食べています。
籐製の肘掛け椅子が私の定位置。

ごみはできるだけ小さくしてごみ袋もケチります

台所で出る生ごみも、極力小さくして捨てます。何しろ、ごみは一週間に一度、五リットル袋一つしか出しません。

私はこれまで、スーパーで買うプラスチック容器入り食材や食品のほとんどを、備え付けの薄いビニール袋に詰め替えて、申し訳ないけれど、容器はスーパーさんのごみ入れに入れて、中身だけを持ち帰っていました。といっても、べとべと、ぬるぬる、ぺたぺた食品は、入れ替えたりできません。乾きものや揚げものが主です。

なぜなら、家にプラスチックゴミを持ち帰りたくないからです。あの容器は実にかさばり、ごみが倍増します。倍増したって、ごみに出すんだからいいじゃん？　いいえ、ケチ根性とは、ごみ袋を買うのも嫌なものなのです。なんでごみにどんどん投資できます？　もちろん、私だってごみ処理の問題はわかっていますから、ちゃんと決められたプラ用ごみ袋（我が市のごみ捨てには細かい分別が必要なのです）を買って使っています。

それにしても、プラスチック容器があまりに多用されていると思いませんか。丁寧な包装を愛でる消費者も、こうした過剰包装に一役かってはいないでしょうか。

ごみはなるべく小さく、少なくして出す

ところがそんな私にも、事態変化の兆しが訪れました。コロナ禍で、スーパーには一時も長居したくなくなったのです。荷台で、のんびり入れ替えなどしていてはいけない。結果、プラゴミが、我が家にも増殖していく羽目になってしまいました。

私のように五リットル入り小袋しか用いない「ごみまでケチる」派としては、可燃

用汚れプラ、例えばお弁当箱大もある蓋と身を、そのままごみ袋に入れれば、一箱でもそのかさや凹凸によって袋のほとんどを占めてしまいます。そこでかぎりなく切り刻んでごみ袋に入れることにしました。幸い母の遺産で、優秀な鋏《はさみ》を持っています。これでかなり減量されます。道具というのは素晴らしい。

ごみは、握りつぶす。押しつぶす。切り刻む。できるだけ小さくして捨てましょう。

第六章

衣類は買わずに楽しむ

普段着は定番パターンにしてその他の服は処分

衣類、特に外出着を買わなくなったので、今はもっぱら古着を捨てていく生活です。そうするとタンスの中だけでなく、生活空間までが気持ちよく広がっていきます。

大型の洋服ダンスを捨てた話はしましたが、それでもまだ、家には作り付けクローゼットのほかに、細長いロッカー型洋服ダンスと引き出し型整理ダンス、押し入れダンスにプラスチック引き出しと、挙げれば嫌になっちゃうほど衣類用の家具がありま す。中身は整理しやすいように詰め込まず、ゆったり収納しているので衣類数はさほどないのですが、これを何とか一か所に収まるまで減らしたい。それでも困らないような衣料生活をしたいと思っています。

中高時代は制服がありましたが、あれはつくづく衣料費節約にかなっていると思います。制服があるのとないのとでは、手持ちの衣服の数に差が出ます。

そこで、普段着に制服を取り入れるという思いつきはいかがでしょうか。衣類を減らすために、普段着を定型化するのです。自分がもっとも自分らしく装えると思えるパターンにするか、あるいは逆に、あちこちに着て行って、それでもまたこの服を着てきてしまった、と思うほど着やすい服のパターン。この二種類くらいに限定するのです。

そういう服だけを自宅用とし、そのほかの滅多に着ないような服は、どんどん捨てていく。思えば、早熟で小粋（小悪魔的と言うべきかも）だった小説家F・サガンは、パリっ子（生まれはフランス南部、幼少期からパリ住まい）なのに気取った服など滅多に着ず、いつもセーター姿でしたが、その柄がどれも素敵。彼女のようにセーターを制服にしてしまえるエスプリを見習いたいものです。

安いお値段につられてつい買わないこと

私は、今ある衣類をせめて半数にしたいと思っています。普段着は家で洗濯できる素材のものにかぎりますが、外出着でも案外手洗いできる素材のものがあります。それを普段着に下ろしていって最終的に処分する。こうでもしなければ、洋服もタンスも減らないと思います。

なお洋服好きの方々の場合、捨てること以上にしなければならないのは、すぐ買わないことです。衣類は、昔に比べると安いものが多くなりました。リーマンショック後くらいから、安売り競争のように低価格化しています。

最近聞いた話では、先生がなかなか貧困児童に気づかないのは、服は新しいものを着ているからだそうです。大人の衣類でも、時々びっくりするほど安い洋服を見かけます。それでも、どうしても見過ごせないほど気に入ったもので、三〇〇円くらいだったら私でも買うかもしれませんが、ほとんど素通りします。服余り時代のご時世、惚れ込むくらい気に入った服以外は、決して買うに能《あた》わずと考えましょう。服は、破れときに補えばいいのです。そう決めて買わないこと。

それが普段着を、一番自分が着やすくて、似合っていると思う服に定型化するための最短距離です。

パジャマは持たず日常着を寝間着に

貧しい身なりの人物が登場する物語は古今東西多いですが、私はシュティフターというオーストリアの作家が、一九世紀に書いた『石さまざま』という短編小説集が好きです。その中の「石灰石」に出てくる貧しい牧師の描写は、その古着をどんな正装より美しく描いていると思います。

牧師はたった一枚の聖職服しか持っておらず、ところどころ糸目が見えるほど擦れているのです。肘は擦れて膝の生地はてかっています。牧師館にはベッドもないほどですから、布団も寝間着も持ってはおらず、寒冷地なのに木の長椅子に直に横たわり、聖書を枕にして脱いだ服を掛けて寝ます。

ところが時々袖口から飛び出している、純白の下着（実はいわれのある下着なのです）が、この人の隠し持っている精神的な一面をほのめかしているのです。素敵でしょう？

避難したり、救急車で運ばれることも想定

この牧師は寝るとき、美しい下着姿でもなく、欧米人によくみる上半身裸スタイルでもなく、いかにも粗末なシャツっぽいものと短めの股引式ズボンを着て寝るのですが、その寝間着の話が印象に残ったのは、私も寝間着を持っていないからです。入院グッズの袋の中には一組入ってはいます。寝間着を着ないの、残念ながらシャネルの五番を着て寝るから、でもないのです。

夜中に地震などの災害や、救急車で病院に運ばれたりするときの「コスチューム」として、パジャマやネグリジェでは嫌だからです。水害や地震などの多いご時勢、な

おいつ救急車か？　の歳ですから、スウェットや紳士物のＹシャツ、制服のようなシンプルすぎるブラウスなどを着て寝たほうが安心できるのです。

寝間着に着替えるという行為は、心を休ませ安眠に導くものといわれています。私の場合も日常着の着た切りスズメということではなく、「これは寝間着にする」と決めた服を、普段着とは別の引き出しに入れていますので、これは寝間着と変わりません。

何十年も着古した牧師服一着しか持たない牧師も、現代社会からすれば例外的でしょうが、彼がきれいな下着を身につける如く、私はせめて清潔な寝間着を貫きたいものです。

買わずにリフォームで洋服を生き返らせる

若いころは雑に、衣類をそのままごみとして、クールにぽいぽい捨てていました。所有物がたくさんあると、ものの価値観も希薄になるようです。やがて齢を追うごとに新調しなくなり、持ち服の数がだんだん少なくなっていくと、すぐにポイ捨てせず、よく観察するようになりました。でも、「もう一回着られるかな?」は、一度捨てると決めたものには問わないことにしています。これをやると、迷った末に必ず捨てるの中止、または延期となりますから。

そうではなく、「リフォームできないかな?」とよく観察して考えるのです。

よそ行きのブラウスは袖にゴムを入れて普段着に。
袖が落ちてこないので、家事にも便利。

〝捨てる〟と〝リフォームする〟は、似て非なるものです。捨てるは、切り捨てゴメンですが、リフォームは活かすことですから。

例えばお気に入りだったお出かけ用長袖ブラウスの場合。古くなったので普段着に下ろしたものの、ボタン止め式の袖口が、炊事の邪魔になる。生地にもよりますが、ヘナヘナした柔らかい布ですと、折って巻き上げてもすぐに落ちてきて、袖口をびしょびしょにしてしまうのです。そのたびに、いらいらさせられます。冬なんぞ、そこから体じゅう寒気がしてきたりして……。

そこで、せっかく普段着にしたのだから、不細工でも手を加え、カフス部分を断裁。そこにゴムを入れてハイ完成。流しに立つ時、さっと一回腕まくりをすれば、袖はもう落ちてきません。

ワンピースは上下二分割で着回しが利く服に

ワンピースの上下二分割は、何着も実行ずみです。とくにうまくいったのは、母から譲り受けた紺地にベージュで細かい草花模様が描かれた服でした。草花は身ごろ全体にところどころ散っていますが、裾には密集して描かれています。夏向きで、生地は半袖が透き通るくらい薄く、スカートだけが微細なプリーツ加工でした。

そんなエレガント感のある素材だったので、いかにも改まって見え、着ていくところがかぎられました。それでもこのワンピースは手洗いできるというメリットがあったため、もっとたびたび着られるように上下を切断したのです。

袖口が大きく開いたデザインで、首元が一つのボタンで開閉でき、頭からかぶって着用するタイプだったのを、前開き式にカットし、上半身はボレロ形式に、下は裾模様のあるプリーツスカートに変えられました。インナーを合わせてスーツ式に着てもいいし、別々に着ることもできたため、長らく愛用しました。

ワンピースのリフォームは、そのデザインによって、このワンピースのように上下とも使える服になるか、あるいは上か下どちらかだけ活かすことになります。トップを活かすなら、長い丈のオーバーブラウス風。ボトムを活かすならスカートにするなど。こうして生まれ変わった元ワンピースを、新しい服のように何年か楽しめれば、いよいよ着飽きたとき、もう悩まずに捨てることができます。

タンスの肥やしはリフォームして活かす

リフォームはアイデア次第です。例えばプリーツ加工生地のワイドパンツは、旅行着として履きやすいので、かつて思い切って買った一品ですが、短足の私にはどうしても似合わない。そこで片足部分を付け根から切って膝丈ほどのスカートに。股上部

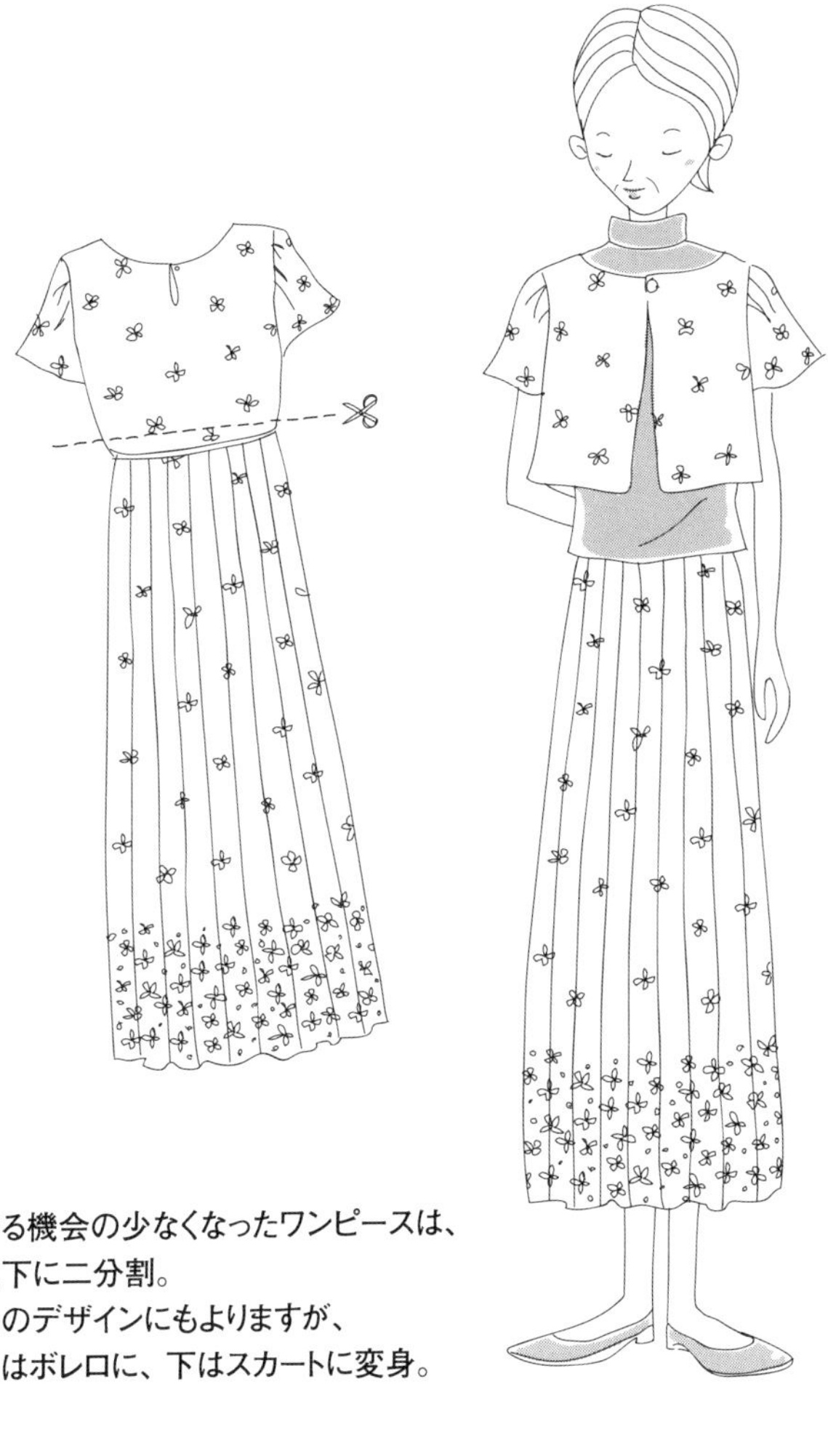

着る機会の少なくなったワンピースは、
上下に二分割。
元のデザインにもよりますが、
上はボレロに、下はスカートに変身。

分がついているもう片方は、切断箇所を縫ってロングスカートに変身させました。とても細かいプリーツ加工のため、伸縮自在。パンツの片足部分に両足を入れるスカートに直しても、タックもつけずに簡単に完成させられました。一本のパンツから、二着のスカートを産んで大得意！

また和服の長着は、上下にぶっつり切り分けて、フレアスカートとちゃんちゃんこに仕立て、袖はバッグにしてしまうなど。

こうしたアイデアを考えることや、針を運ぶのを楽しんでいます。ミシンは持っていません。ああいう（機械類とか、かさばる）ものは、いただいても困るものの代表です。手縫いで十分です。

たとえ自己満足であったとしても、新しい洋服とバッグを買ったのと気分的に変わらない。新鮮な気持ちで着られるときの喜びこそを、大事にしています。

プリーツ加工生地のパンツも、二分割。
片脚をカットして縫うと、
腰に切り返しのあるスカートになりました
(内側に折り込むとポケット風になります)。
カットした部分は膝丈スカートにリフォーム。

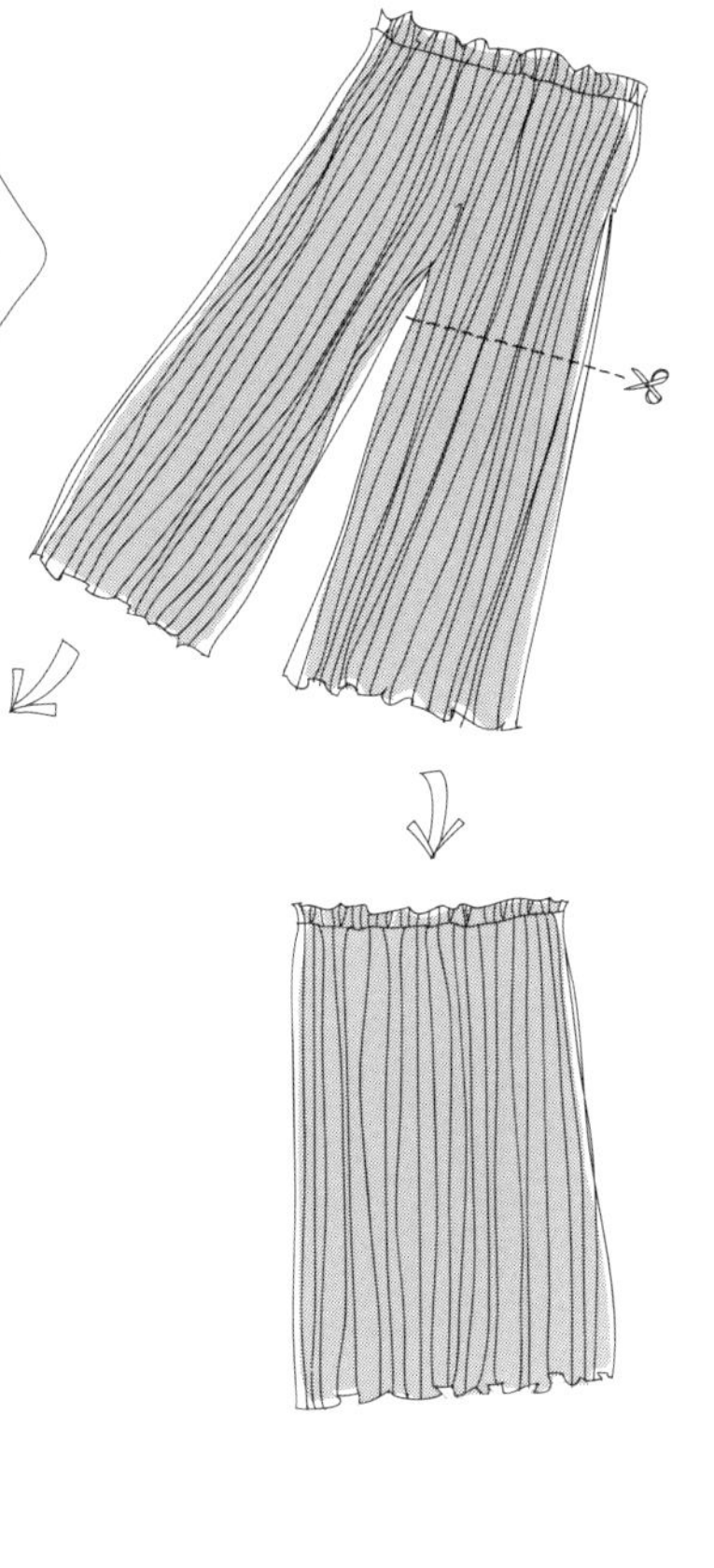

黒いレースのストールを二つ折りにして、
中央に穴を開け（頭を出す部分）、
両サイドを黒い紐で結ぶと、
ドレッシーなベストに早変わり。

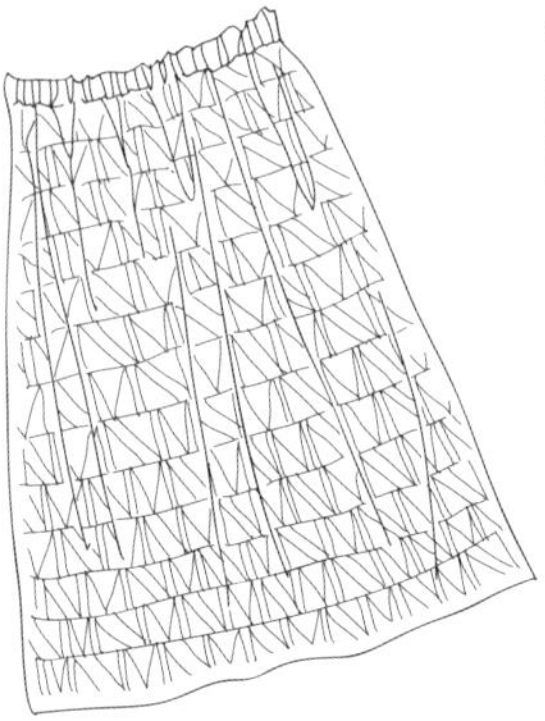

着物の長着を
半分に切ってスカートに。

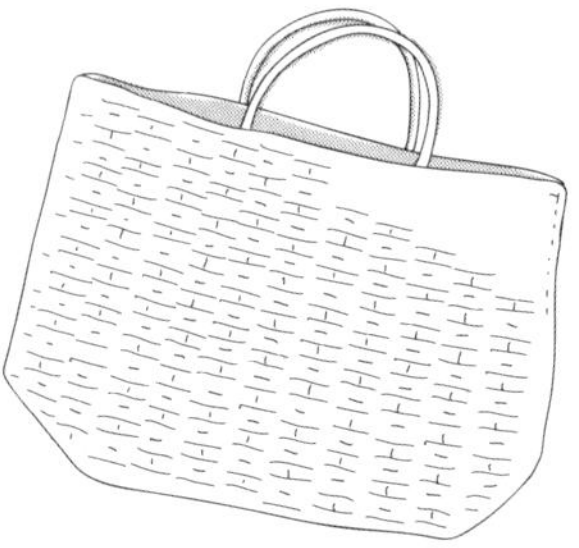

和服の両袖から作った手提げ袋。
和柄がかわいらしい。

リフォームもできない衣類は細かく切って拭き掃除用に

リフォームもできないほど傷んだ古着は、大型小型さまざまに切って、水周りや靴置き場に置いておきます。私は老いぼれてから、しょっちゅう家庭内水難に見舞われるようになりました。手元がおかしいのです。なんだか……震えてるみたい。安定しないのです。

一日に何度も水をこぼし、三日に一度は床をびしゃびしゃにするので、いつもすぐそばに雑巾とは別の、衣類を切った布を用意しています。醤油とかソースとかをサッと拭けて、ぽいと捨てられるのが小気味よい。こぼしたのが大量の水だったりした場合は、大きめのボロで拭いたあと、古い電話帳をバラバラにした薄めの紙を数ページ敷いて、吸い取らせています。最後はスリッパの裏も乾かすように、スリッパごと紙の上に載ってスケーティングしてから、資源ごみに捨てます。

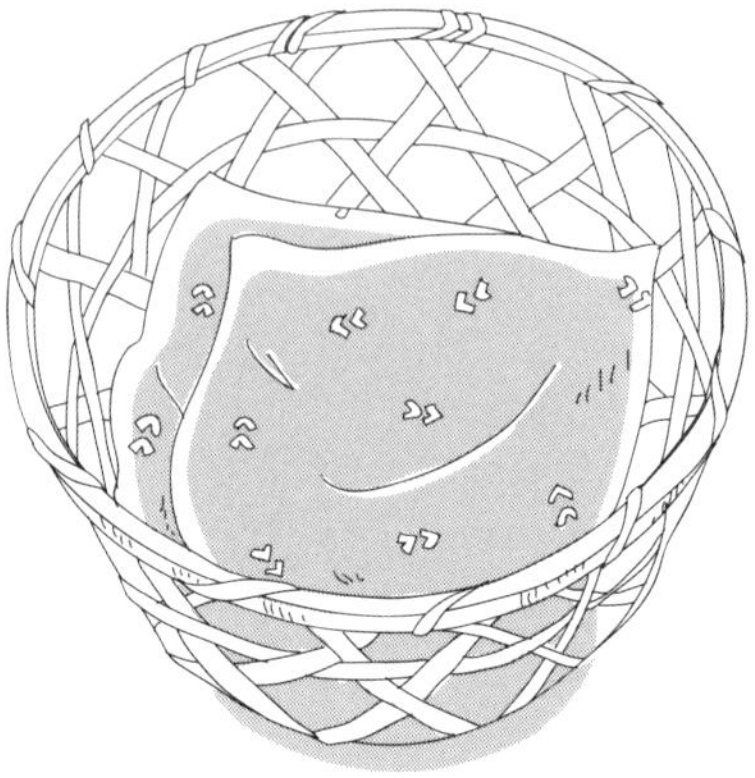

玄関の靴置き場には、いつでもさっと靴を拭けるよう、小さなカゴに布切れを入れて置いてあります。

靴のそばに布切れを置いておくと、「脱いだらすぐ拭く」に好都合です。靴の汚れは見逃しやすい。それでも、腰を据えて靴磨きでも……というのはけっこう難儀だし、手間もかかる。靴墨だぁ、ブラシだぁと……。手は汚れるし、玄関も汚れる。だから、こまめに拭いておくことが大事です。靴のそばに布切れを必ず置いておけば、すぐ拭けるでしょう?

アクセサリー箱を開けて整理してみる

アクセサリーはどんなふうにしまわれていますか。アクセサリーが一か所に入っておらず、家のあちらこちらに置いてあるようなら、最初の問題点です。もしかしたら外したとき、とりあえず入れておいたハンドバッグの中だったり、着ていた洋服にそのままブローチがつけっぱなしになっていたりしませんか。

みなさんアクセサリーをなくしたことがおありでしょう？　イヤリング片方などは落とす場合も多いですね。手を洗うときに外した指輪などは小さいものだけに、失くしたことにさえ、すぐには気づかない場合もあります。やはり帰宅したら面倒でも、全部決められた場所に収めておく習慣が必要のようです。

宝石箱、あるいはアクセサリー箱を一度開けてみると、見当たらないものを気づかせてくれるのに役立ちます。早めに気づけば、戻る確率も多いでしょう。

何より、きちんと入れ直すことで整頓され、自分がどんなアクセサリーを持っているのか、こんなアクセサリーもあった！　といった発掘があったり、今度あそこに行くときにこれをつけてみよう……などと思いついて楽しいからです。

アクセサリーは　やがて飽きるもの

アクセサリーは手に入れたときこそ、あれこれの洋服に合わせてよくつけるものの、次第に飽きてつけなくなる。それよりアノ店で見つけたアッチをつけてみたくなって、つい買ってしまう。そして、それまでは気に入って毎日つけていたチェーンのブレスレットも、流行りの大玉ブレスに変わってしまう。その結果、チェーンは箱の底に沈んでいったり、あるいはどこかに紛れてしまう……。ですから定期的な宝石箱覗きが大切なのです。

これはもうつけない、と決意できたものは処分しましょう。たしか親戚の誰とかがこれを欲しがっていたっけ……などと思い出したものは、思いついたときに惜しまず差し上げましょう。宝石箱が整理され、収め方によっては箱自体がアートフルな容器に変わりますよ。

私は、三段箱の一段目にブローチ類、二段目にネックレス類、三段目に指輪その他を入れています。よく見通せるよう透明容器などを使って重ね、開けた一瞬を楽しんでいます。もっとも、わずかなアクセサリーしか持たないからこそできる鑑賞ではありますが。

使わないアクセサリーはバッグなどにつけて楽しむ

若いころは、首や指にいろいろとくっつけたり、ぶら下げたり。かぎりというものを知らず、装身具を探し歩くのが好きでした。大振りの珍しいデザインが好みでした。

しかしあまり衣類を買わなくなったころから、当然アクセサリーも買わなくなりました。買えなくなっただけですが、別の意味で大振りの装身具を、邪魔に感じるようになったからです。何しろ肩が凝る（色気ないですが）。そうなると、所持しているのも邪魔。新しめのものは友人に進呈したりしました。

残ったものは、フェルト製のシンプルなバケツ型バッグや、麦わら製のショルダー

使わなくなったアクセサリーは、バッグにつけて楽しんでいます。
シンプルなバッグでもぐっと引き立ててくれます。

バッグにつけてみました。素朴な素材にゴールドのバラ。これはグッドアイデア・ベストコーディネーションでした。また室内の壁飾りにしたり、照明器具の紐の突端につけたりして楽しんでいます。

惜しげなく捨ててしまったもののもあり、その中の一つは、あとでどうしてもつけたい服があったとき、捨てたことを忘れ、探すのに狂乱状態になったこともあります。私にもまだ、そういう執着の煩悩が残っていたことを思い知りました。しかし、それはとても重たいブローチでしたので、あれは洋服の生地を傷める、と言い聞かせ、煩悩を打破。

　女性なら、ふつうは装飾品に興味があるもの。見ているだけでも夢を運んでくれますよね。とくに宝石《いし》は人を迷わせる魔力を持っているとも聞きます。でも、私には効き目はなさそう。廉価な缶バッジでも、もう装飾品を買うことはありません。やっとそういうものを必要としないお歳ごろになれたらしく、ホッとしています。

アクセサリーのもう一つの楽しみ つけいている人を愛でる

今の私は、自分がアクセサリーをつけることより、人様の装飾を眺めるのが好きです。買えなくなったからかもしれませんが、でもやはり、アクセサリーは見るアートだと思うからです。買うにしても、まず見て気に入ったものを試着してみるでしょう？　アクセサリーは人様につけていただいたほうが、鑑賞しやすいのです。

そんなことを考えていたとき、ふと思い出したことがあります。アクセサリーそのものの話ではありませんが……。

「あなたは、人に花を持たせるということができないのね」とは、学生時代に私がある友人から直撃された言葉です。その友人は、人の悪口を言ったり第三者を非難することなどのない性格の、むしろ私にはおどろくべき逸材でした。私を直撃したその言葉も、微塵《みじん》の悪意もこもらない（あるいは見事に抑制された）、しみじみとした口調での客観的見解でした。

ですから彼女を恨むこともなく、私は四〇年の月日を経て、音信不通となっていた彼女を探し当てました。もう一度会いたい人だったからです。忘れられないでいたこの言葉を、今こそ受け入れなければ、彼女に応えるときを失うでしょう。

彼女に言い当てられた通り、元来自己中心的の見本である私は、根本的に性格を変えることはできそうもありません。それでも彼女によって、花は人に持たせることで、自分も喜べるという気持ちを持ってみたい、と思えるようになったのです。

心に「花」のアクセサリーを

アクセサリーからはかけ離れた話をしたようではありますが、彼女の言った「花」

とは心のアクセサリーであり、彼女は、それは自分が飾って喜ぶより、人の装いを褒めることで光るものだと教えてくれたように思います。

私は今、着ている服を引き立たせるために、時々はアクセサリーをつけることはあっても、買い足すことや、アクセサリーそのものを見せるためにはつけなくなりました。節約家にとっては、華やかにおしゃれを楽しむ人たちの宝飾に喝采を贈ることで、たくさんのアクセサリーを心に所有できるように思います。そうして自分を喜ばすことができれば、学生時代の友に少しは応えられたことになるでしょうか。

装飾品の煌《きら》めきもよし
精神性の高さを纏《まと》うもよし

近年の高齢者はおしゃれです。おしゃれな人は生き生きして見えますよね。欧米では伝統的に、老いてこそ華やかに着こなすことが当たり前とされているようです。九〇歳を超えたエリザベス女王！　華麗ですよね。若い女性も太刀打ちできない、まさに年輪の宝石のような方です。

欧米人の体格や顔の凹凸、明るい髪や目の色などと、装身具は相性がよいように思います。もともと欧米は建築や造園などを見ても、とかく加算する文化といえるでしょう。

日本女性も最近は欧米的な容貌の方が増え、文化もグローバル化の一途ですから、枯淡の美とか「侘び寂び」もいつか消えていくのでしょうか。ただ、日本の高齢者は比較的小柄な方が多いので、あまり飾り立てると、かえって年齢を強調しかねない。

少し飛躍しますが、例えば日本の鳥居に象徴される神殿表現は素朴そのものですが、限界までそぎ落とされたシンプルな形こそ、宿るものの大きさを表しているように思えます。地味な装いでも内面を輝かすことができれば、何歳になろうとも、それがもっともオリジナリティーあふれるアクセサリーになるように思うのです。

あとがき

年金受給者になったらもう働きには出ないと、若いころから決めていました。

どんなに貧しい生活でも、老後は好きなことだけして生きたいというのが、私の希望的プランでした。

そんな自由を得るために、私はできるだけ集めない・溜めない・買わない・群れない、そして捨てていくことを心がけてきました。欲しいモノで身の周りを満たすより、周辺を広げることで、その分、自分の内側を満たしていくという生産につなげたいと思ったのです。

その生活模様は、あまりの節約志向のため、多少みなさんと違っているかもしれません。貧しさを美化したいとは思いませんが、「あの人ケチで貧しそうね」と思われてもダイジョウブ！　ありあわせのもので、工作を楽しむように、自分なりの衣食住生活を一人コツコツと工夫していく。それが私の大事にしている自由です。

例えば私は絵画や工芸品が好きでも、自分で制作したいとは思わないのです。ものを増やしたくない一念ですが、私の場合、この棚の隅っこにこんな飾りが欲しい、この壁にこういう絵を掛けたいと思ったときだけ、オリジナル作品を作ってみる主義です。へたくそでも、へんてこりんでもいいのです。自分の心と直結していれば邪魔にならないし、その場に合うものが作れると思うからです。

勉強に関しても、私はこれと同じ道を選んだようです。心が望むことだけ、好きに学んできました。私が心から学びたいと思った時期は、いわゆる定年後です。主な教科書は、図書館から借りる本と、ラジオとテレビくらいですが、一人暮らしの貧しき年金生活者となって、初めて学ぶことが楽しく感じるようになったのです。

そろそろ我が身を捨てるお歳ごろになってきたのだから、勉強など無用でしょうに、学ぶべきときに学ばなかった私にとっては、ずいぶんとあとになって知った大事な喜びなのです。

七〇歳を超えた私の、今の信条は、
一　よく学び（恰好だけでも可）
二　よく遊び（できるだけ歩き回ること程度でも可）
三　よく片付ける（頻繁に体を動かして整頓しまくる）
and 老いたればこそ、体が訴える不調の声によく耳を傾ける。
あとは、捨てる。

惜しむとて惜しまれぬべきこの世かは　身を捨ててこそ身をも助けめ
（玉葉和歌集）

これは、西行法師が出家するとき、仕えていた鳥羽院に辞表として詠《よ》んだ歌です。身（身分と解釈してもいい、ものと考えてもいい）を捨てることこそ、自分を生かすことだというのです。

西行もまた、期限付きの我が生を活かしたかったのだと思います。

最後になりましたが、『おひとりさまのケチじょうず』に続き、編集をご担当いただいた山浦秀紀さんの、細やかなご配慮に感謝いたします。

二〇二〇年一一月

小笠原洋子

【著者プロフィール】
小笠原洋子（おがさわら ようこ）
1949年東京都生まれ。東洋大学文学部卒。京都で日本画、現代陶芸を扱う画廊に勤務。東京に移転し、弥生美術館、竹久夢二美術館にて学芸員、及び成蹊大学非常勤講師を務める。退職後、フリー・キュレター、美術エッセイストとして活躍。昭和初期の挿絵に関する諸本を編集する。現在はエッセイストとして、新聞や雑誌への寄稿などで活躍中。
著書に、『おひとりさまのケチじょうず』『ケチじょうず　美的倹約暮らし』（ビジネス社）、『五条坂弥生坂物語』（美術出版社）、『夢二・ギヤマンの舟』（大村書店）、『フリードリヒへの旅』（角川学芸出版）などがある。

ケチじょうずは捨てじょうず

2020年12月15日　第１刷発行

著　者　小笠原洋子
発行者　唐津　隆
発行所　株式会社ビジネス社
〒162－0805　東京都新宿区矢来町114番地
神楽坂高橋ビル5F
電話　03－5227－1602　FAX 03－5227－1603
URL　http://www.business-sha.co.jp/

〈カバー・本文デザイン〉藤田美咲
〈カバー・本文イラスト〉原田美香
〈本文DTP〉茂呂田剛（エムアンドケイ）
〈印刷・製本〉モリモト印刷株式会社
〈編集担当〉山浦秀紀〈営業担当〉山口健志

ISBN978-4-8284-2242-8